■ 总主编／刘　涛　金晓艳
■ 主　编／孙　雷　刘　兵

学在中国
汉语强化系列教材

LEARNING
IN CHINA
Intensive Chinese Series

实践教程 2
Practice Course

外语教学与研究出版社
FOREIGN LANGUAGE TEACHING AND RESEARCH PRESS
北京　BEIJING

图书在版编目（CIP）数据

学在中国. 实践教程. 2 / 孙雷等主编. —— 北京：外语教学与研究出版社，2020.1
汉语强化系列教材 / 刘涛，金晓艳总主编
ISBN 978-7-5213-1544-8

Ⅰ. ①学… Ⅱ. ①孙… Ⅲ. ①汉语－对外汉语教学－教材 Ⅳ. ①H195.4

中国版本图书馆 CIP 数据核字 (2020) 第 029941 号

出 版 人　徐建忠
项目统筹　杨　益
项目编辑　张楚玥
责任编辑　鞠　慧
责任校对　向凤菲
封面设计　姚　军
版式设计　彩奇风
出版发行　外语教学与研究出版社
社　　址　北京市西三环北路 19 号（100089）
网　　址　http://www.fltrp.com
印　　刷　三河市北燕印装有限公司
开　　本　889×1194　1/16
印　　张　14.5
版　　次　2020 年 4 月第 1 版　2020 年 4 月第 1 次印刷
书　　号　ISBN 978-7-5213-1544-8
定　　价　58.00 元

购书咨询：（010）88819926　电子邮箱：club@fltrp.com
外研书店：https://waiyants.tmall.com
凡印刷、装订质量问题，请联系我社印制部
联系电话：（010）61207896　电子邮箱：zhijian@fltrp.com
凡侵权、盗版书籍线索，请联系我社法律事务部
举报电话：（010）88817519　电子邮箱：banquan@fltrp.com
物料号：315440001

记载人类文明
沟通世界文化
www.fltrp.com

"学在中国"汉语强化系列教材

主　　编：刘　涛　金晓艳

策　　划：鞠　慧　李彩霞

编写委员会：（按姓氏音序排列）

白斯达	陈鸿瑶	杜　江	傅　佳	郭晓郁	韩瑞芳	郝　伟	胡雪婵
黄莲花	金　敏	雷　莉	李玲琦	李梅花	李月炯	梁子超	林　杨
林　柱	刘育雁	乔梦羽	沈薇薇	孙　雷	王斯璐	鲜丽霞	谢　伟
辛　勤	修美丽	修瑞超	闫　峰	于梦露	张国辉	张　蒙	张孟晋
张　思	张　哲	赵黎平	赵美威	赵　兴	郑颖琦		

编辑委员会：（按姓氏音序排列）

鞠　慧　李彩霞　向凤菲　杨　益　张楚玥

英文翻译：

梁　雪

出版说明

一、出版背景

随着中国综合国力的提高，选择来中国攻读学士学位的外国留学生逐年递增。在学习大学本科课程之前，外国留学生们需要攻读一年学士学位预备课程，进行汉语与专业课的强化学习。因此很多大学都已经开设了来华外国留学生的预科教育教学课程。同时，在中国国家留学基金管理委员会的领导下，包括东北师范大学外国留学生预科部在内的全国十家中国政府奖学金外国留学生预科教育基地，每年都承担着来自世界各地的中国政府奖学金外国预科生的教育教学工作。

来华预科生的培训时间原则上为 1 至 2 学年，主要采用强化教育的方式，通过开展语言教学和专业知识教学，使预科生在汉语语言知识能力、相关专业知识以及跨文化交际能力等方面达到进入中国高等学校专业阶段学习的基本标准，其中奖学金生还需通过"中国政府奖学金本科来华留学生预科教育结业统一考试"（以下简称"结业统一考试"）。

预科教育不同于一般的语言培训和知识补习，如何在短时间内实现预科教育的培养目标，使学生能够顺利进入本科阶段的学习，是每一个预科教育基地都要面临的问题。在此背景下，外语教学与研究出版社联合东北师范大学等预科教育基地，立足预科教育的教学特点和培养目标，策划编写了"学在中国"汉语强化系列教材。"学在中国"汉语强化系列教材适用于接受来华预科教育的汉语零起点的留学生，不仅能够满足预科教育的需求，也同样适用于其他有速成强化教学需求的各类教学机构。

二、教材体系

本系列核心教材分为"基础教程""实践教程""词汇教程"三种，共五册：

教材		对应 HSK 级别	词汇量
基础教程	《基础教程 1》	HSK1—4 级	＞1200
	《基础教程 2》	HSK5 级	＞1600
实践教程	《实践教程 1》	HSK1—4 级	＞1200
	《实践教程 2》	HSK5 级	＞1600
词汇教程	《词汇教程》	HSK1—4 级	＞1600

本系列教材涵盖 HSK 相应级别和"结业统一考试"的生词和语法知识，紧密结合这两类考试的题型设计练习，配合交际性、任务型的实践操练与活动，旨在帮助学习者通过 HSK 相应级别考试和"结业统一考试"。三种教材可配合使用，其中，"基础教程""实践教程"分别侧重语言输入和输出；"词汇教程"是专项教程，既可作为汉语词汇课的专门用书，也可作为学生的自主学习用书。此外，后续

还将根据教学实际和学习需求，陆续推出其他与核心教材相配套的内容。

三、编写团队

本系列教材的编者主要来自东北师范大学预科教育基地，同时也吸纳了四川大学、中国医科大学、大连理工大学等多所高校的一线教师共同参与。参与编写的教师均具有丰富的预科汉语教学经验（教龄均达到六年以上），很多教师还同时担任专业知识的教学任务。

在中国国家留学基金管理委员会的领导下，东北师范大学预科教育基地每年承担来自世界各地的中国政府奖学金外国预科生的教育教学工作，在预科教育方面建立了相对成熟的教学体系和较为合理的课程设置，积累了丰富的教学实践经验。学校培养的预科生在"结业统一考试"中的总成绩较为突出，排名一直处于全国预科教育基地的前列。

四、教材特色

（一）输入与输出紧密结合，全面推进听说读写技能

本系列教材以二语习得相关理论为依据，以多年教学实践为基础，将输入和输出进行紧密、有效的结合，从基础认知与实践操练两方面出发，全面培养学生的各项言语技能。

类型	目标		重点	侧重技能
基础教程	输入	基础知识	解决基本词、句、语言点的学习	听、读
实践教程	输出	实践操练	重现和巩固"基础教程"的内容，并适当进行拓展	说、写
词汇教程	词汇积累	词汇综合运用	以词汇为主线，通过训练言语技能掌握词汇	听、说、读、写

本系列教材的整体编排，充分体现了预科汉语速成强化教学的课程体系。各类教材之间的配合，并非机械的练习和补充，而是从"知"到"行"，从输入到输出，从"听、读"到"说、写"，帮助学生在各类言语技能和综合语言能力上逐步实现提升和飞跃。

（二）遵循教学与学习规律，循序渐进培养语言能力

在内容设计、体例编排、内容复现等方面，本系列教材遵循教学与学习规律，兼顾教师和学生的需求。

本系列教材尤其尊重汉语自身的规律和教师教学的习惯，遵照教学的一般顺序安排教材的各个板块，按照"字—词—句—段—篇"的顺序展开教学，重视和强调语言形式的学习和汉字的教学，突出易教性、可操作性，循序渐进地帮助学生巩固各项语言要素。

本系列教材充分考虑了学生自身的特点和学习记忆的规律，按照"预习—学习—复习"的次序推进学习进度，帮助学生提升学习效率的同时，有助于学生养成课前预习、课后复习的良好学习习惯。此外，教材针对预科学生的年龄特点进行人物设定、故事线安排、话题选择与场景设计，并尽量兼顾不同语言文化背景的学生，注重了针对性、多样性、趣味性和交际性，能够在一定程度上培养和激发学生学习的兴趣。

（三）紧扣教学与考试大纲，短期强化实现培养目标

本系列教材的词汇编写紧扣《HSK 考试大纲》（一至五级）和"结业统一考试"要求的汉语词汇，

并补充收纳了一些有交际价值和时代特色的词汇。话题和语言点编写主要参考《国际汉语教学通用课程大纲》和《HSK 考试大纲》（一至五级），将话题和语言点分等级、分层次地合理分配到每课的学习内容当中。练习设计以帮助学生掌握学习内容为目的，既注重不同言语技能的分技能训练，也强调语言的综合运用，收录 HSK 考试和"结业统一考试"各类题目形式，并适当补充交际性、任务型活动。

整体上，完成本系列教材的学习，学生可达到通过 HSK 相应级别和"结业统一考试"的语言水平，并达到进入中国高等学校专业阶段学习的基本标准。

五、使用建议

针对预科教育的情况，建议在一学年内使用本系列教材，建议课型、课时和教学次序如下：

教材		建议使用课型	建议课时	建议教学次序
基础教程	《基础教程1》	汉语综合课（听、读）	每篇课文 4 至 6 课时，整体 120 课时左右	与《实践教程1》平行教授，先教
	《基础教程2》	汉语综合课（听、读）	每篇课文 8 至 10 课时，整体 150 课时左右	与《实践教程2》平行教授，先教
实践教程	《实践教程1》	汉语综合课（说、写）	每篇课文 4 至 6 课时，整体 120 课时左右	与《基础教程1》平行教授，后教
	《实践教程2》	汉语综合课（说、写）	每篇课文 4 至 6 课时，整体 90 课时左右	与《基础教程2》平行教授，后教
词汇教程	《词汇教程》	词汇专项课	整体 120 课时左右	与其他教材平行教授

我们衷心希望外研社的这套"学在中国"系列教材能够为来华预科生和广大外国留学生的汉语学习铺就一条汉语强化学习的成功之路，同时为教师解除教学疑惑，共同迎接美好的未来。

编写说明

一、适用对象

本教材是"学在中国"汉语强化系列"实践教程"的第二册,适用于已大致掌握《HSK 考试大纲》一至四级词语以及《中国政府奖学金本科来华留学生预科教育教学大纲》所包含的 1200 至 1600 个词语,准备参加 HSK 五级考试或"结业统一考试"的汉语学习者。

二、教学目标

在与"学在中国"汉语强化系列其他教材配合使用的情况下,本教材着重培养学习者的口语表达能力及书写能力,让学习者在半年的学习时间内,了解并掌握 HSK 五级考试大纲、《国际汉语教学通用课程大纲》和《中国政府奖学金本科来华留学生教育教学大纲》的相关词汇、语言点,并能进行有效的口语输出及文字书写。

三、编写原则与特点

(一)针对性原则

本教材充分考虑了预科生短期强化学习的特点,在完成复练"基础教程"所教授的生词、语言点的任务之外,还有所扩充。在知识点的选择、编排上,紧密结合 HSK 五级考试大纲、《国际汉语教学通用课程大纲》和《中国政府奖学金本科来华留学生预科教育教学大纲》。确保学生经过一定时间的课堂学习,达到进入中国高等学校开始专业阶段学习的基本标准,并能顺利通过 HSK 相应级别考试和"结业统一考试"。

(二)重视说、写,兼顾听、读的原则

本教材注重语言输出,重视说、写技能训练,文中设有"口语实践"和"读写实践"板块。教材在课文中复现"基础教程"中出现的重要生词和语言点,并在"说"和"写"的练习中进行复练,旨在巩固所学知识的同时,提高学生的说写能力。

(三)交际性原则

本教材在课文编写和题目设计上立足于搭建交际平台,模拟真实环境,使所教授知识点与真实情景融合,帮助学生将所学知识点切实应用到实践中。以任务为主线,将话题、功能、文化相结合,重视学生语言表达的准确性,提高学生语言交际及应用能力。

(四)课堂教学与自主学习相结合的原则

本教材在板块设置和内容安排上关注学生学习、生活实际,有利于培养学生的自主学习能力,使其养成课前预习、课后复习的好习惯,从而整体提高学习效率,快速、高效学习汉语。

四、教材结构与使用建议

（一）本教材共 15 课，建议每课用 4—6 课时进行教授。

（二）本教材基本沿袭《学在中国·实践教程1》的编写思路和体例，与《学在中国·基础教程2》共同承担初、中级阶段汉语知识的教学与操练。在课文内容的编写上，对《学在中国·基础教程2》的生词及语言点进行了复现，生词复现率达到 60% 以上，语言点复现率达到 90% 以上。

（三）本教材每课分为三个部分，六个板块。通过学习目标、实践准备、情景实践（包括生词预习、课文、练习）、口语实践、读写实践、学习总结这六个板块，逐层递进地对学习者的口语表达及书写能力进行训练。

1. 学习目标。该板块内容涵盖语言功能项目、重点语言点及相关句式。语言功能项目旨在强调学习者所学的重点语言点在语言交际中的应用范围，加深学习者对这些语言点的理解。重点语言点的选择范围为《学在中国·基础教程2》及《学在中国·实践教程2》中的相关内容。

2. 实践准备。该板块与"情景实践"一起对应每课的第一部分，也是每课的热身环节。旨在通过造句、改写等形式检验学习者对《学在中国·基础教程2》中的重点生词、语言点的掌握情况，为正课的学习做准备。学习者在学习正课前要自主完成该部分内容，教师上课时可以检查学习者的完成效果，并在后面的教学中有针对性地对学生的学习弱点、难点进行讲解和操练。

3. 情景实践。该板块包括生词预习、两篇主课文及对应的练习。生词的选择，涵盖了 HSK 五级大纲以及 YKK 词汇大纲中所包含的 600 个新增重点词语和部分考试常见超纲词语。主课文对《学在中国·基础教程2》中对应课文内出现的话题，进行了有效的衔接或者延伸，既保证《学在中国·实践教程2》与《学在中国·基础教程2》在话题内容上的统一性，又为学习者搭建了贴近实际的语言输出平台，旨在让学习者对所学知识进行有效输出。课文后的练习，一方面有针对性地对课文中出现的重点生词及《学在中国·基础教程2》中的重点生词、语言点进行复练，另一方面通过对课文内容的模仿、课文话题的讨论，来培养学习者的语言组织能力。

"情景实践"板块中，需要学生自主学习的部分占五分之三，教师可以及时引导并纠错，再有针对性地进行讲解。练习部分中，生词、语言点的练习应该让学生在课下完成，情景模仿类练习可布置成任务型作业。小组讨论及总结，可在课上分组、限时完成，这样能更好地考查学生的学习情况。

4. 口语实践。该板块对应每课的第二部分，以生词、语言点及话题为依托，从词到句再到语段，对学习者进行语言输出训练。练习题的内容包括但不限于：词语解释、情景表达、小组讨论、实践等。旨在让学习者更好地掌握及运用所学词语，更深刻地了解所学语言点适用的语言环境，更有效地组织语言进行口语表达，教师可以根据话题的难易程度灵活安排这一部分的练习形式。情景表达、实践等类型的练习主要考查学习者在实际情境中的语言使用情况，最好安排在课下完成，其他类型的练习可适当控制时长，在课上完成。

5. 读写实践。该板块与"学习总结"一起对应每课的第三部分，"读写实践"中的练习注重文字的输出。通过听力练习、改写句子、模仿表达及作文这四种题型，培养学习者的逻辑思维能力，巩固学习者的语言基础，进而提高学习者的文字组织能力。教师在处理这一部分的练习时，除了听力需要在课上完成，其他都可以布置成作业。

6. 学习总结。该板块从话题入手，让学习者回顾所学内容，总结并整理所学知识。然后再通过话题的延伸，让学习者展开联想，进而养成自主学习的习惯。这一部分不作为作业，教师可以让学习者总结后互相交换，让学习者了解多种学习方式，以提高自己的学习能力。

以上是对本册教材编写思路和使用方法的一些说明和建议，教师在教学中可以根据实际情况，灵活使用本册教材。衷心希望学习者通过本册教材的学习，顺利实现从初中级汉语到中高级汉语的跨越和提升，有效提高汉语水平，顺利通过相关考试。

五、致谢

衷心感谢中国国家留学基金管理委员会多年来对预科教育和各预科教育基地的支持和帮助，使得开展预科教育的院校和从事预科教学的教师有热情、动力和信心，不断提升来华留学生的教育质量。

感谢傅佳、李凯、刘兵、玄雪莹、闫峰等教师（按姓氏音序排列）在教材编写过程中提出了宝贵意见和建议，投入了大量劳动，使得本教材的质量有所保证。

感谢北京语言大学国际学生教育政策与评价研究院的王佶旻教授、黄理兵教授在百忙之中对本教材进行审读并提出宝贵意见和建议，提升了本教材的质量。

感谢外语教学与研究出版社的编辑团队，他们在教材的整体设计、内容研发和编辑出版等方面投入了大量创造性的劳动，使本教材得以顺利出版。

我们衷心希望本教材能够为广大师生提供有效的教学方案，帮助大家达成教学目标！

编者

2019 年 11 月

人物介绍

关于下面这些主要人物的特点，你能在书中找到对应的例子吗？请你把页码写在句子后面的横线上。

▌阿尔达：土耳其人，22 岁，留学生

关于阿尔达的几个事实：

1. 回国后总是三句话不离中国，把在中国的生活习惯带到了自己的国家。
   _____

2. 是一个"中国通"，知道很多值得去的中国旅游城市。_____

3. 对中国的美食很了解，喜欢吃辣的食物。
   _____

4. 平时出行喜欢骑自行车，有一次经历了一场交通意外。_____

5. 对手机的设置比较熟悉，会帮朋友解决关于手机的问题。_____

马克：南非人，21 岁，留学生

关于马克的几个事实：

1. 喜经常因为粗心犯错误、闹笑话。
   _____

2. 喜欢足球，是意大利队的球迷。
   _____

3. 学习比以前用功了，遇到不懂的问题会去问老师。_____

4. 对为了炫耀而发微信朋友圈的行为有点反感。_____

孟宏：泰国人，20 岁，留学生

关于孟宏的几个事实：

1. 喜欢足球，是巴西队的球迷。＿＿＿＿＿

2. 喜欢摄影，经常为学校社团拍摄照片，
   有一次因为拍照片与别人产生误会。
   ＿＿＿＿＿

3. 喜欢品尝美食，只能吃微辣或者酸辣的
   食物。＿＿＿＿＿

4. 关心同学，很了解交通规则和意外情况
   处理办法。＿＿＿＿＿

5. 善于交际，但第一次和网友见面前也很
   紧张还接受了老师的帮助。＿＿＿＿＿

艾米丽：美国人，21 岁，留学生，马克的女朋友

关于艾米丽的几个事实：

1. 爱旅游，经常趁着假期和马克一起出去旅游。＿＿＿＿＿

2. 喜欢用手机搜索资料和看电影，比较重视手机的质量和价格。＿＿＿＿＿

3. 对在网上购物有点儿不放心。＿＿＿＿＿

4. 为了安全而设置一些复杂的密码，导致手机登录不上微信。＿＿＿＿＿

5. 喜欢在微信朋友圈上发自己的动态，还因此和马克争执。＿＿＿＿＿

玛利亚：法国人，22 岁，留学生

关于玛利亚的几个事实：

1. 假期去了海南旅游，因为头发剪短了，
   在机场被安检拦了下来。_____

2. 爱学习，开学选课的时候觉得每门课都
   很好。_____

3. 觉得新学校的生活非常方便，但是常常
   早上起的太早，有点儿困。_____

张义达：中国人，34 岁，汉语老师

关于张义达的几个事实：

1. 去厦门出差，和老朋友聚会并吃了厦门的特色美食。＿＿＿＿＿＿

2. 不能吃海鲜，一吃海鲜就过敏。
   ＿＿＿＿＿＿

3. 和学生的关系很好，会给学生交友方面的建议。＿＿＿＿＿＿

4. 年轻时喜欢上网玩游戏，还经历过一段短暂的"网恋"。＿＿＿＿＿＿

周小明：中国人，22 岁，大学生

关于周小明的几个事实：

1. 手机上有点餐 APP，熟悉手机点餐流程。
   _____

2. 有驾照，喜欢自驾游。_____

3. 喜欢自由，对学校宿舍的许多规定感
   到很不习惯，于是想去外面租房子。
   _____

4. 看了好几套房子以后，还是决定住在学
   校宿舍里。_____

目 录

话题	功能目标	语言点
1. 个人信息（姓名、身份、国籍、汉语水平、生活习惯、发生的变化等）	1. 强调事情发生的条件 2. 表示动作行为产生的影响 3. 描述自己曾经遇到的麻烦 4. 乘坐飞机时的常用语	1. 假设关系复句：要不是……，（就）…… 2. "把"字句：S+把+O+V+复合趋向补语 3. 固定用法：差点儿（没）

话题	功能目标	语言点
1. 处所信息（学校环境、设施等） 2. 学习情况（报到、选课）	1. 描述相对或相反的事物 2. 表示排除	1. 并列关系复句：不是……，而是…… 2. 固定用法：除了……以外

话题	功能目标	语言点
1. 体育运动（看球赛） 2. 社会交往（闹笑话）	1. 表示出乎意料 2. 描述状态和程度 3. 表达自己的喜好	1. 固定格式：怎么+（V）+也/都…… 2. 并列关系复句：不算A，也不算B 3. 固定用法：……得（跟/像……似的）

话题	功能目标	语言点
1. 社会交往（发生误会）	1. 表达叮嘱 2. 解释原因 3. 表示产生误会后和好	1. 因果关系复句：由于……（的）缘故 2. 固定用法：说实话 3. 俗语：不打不相识

话题	功能目标	语言点
1. 职场生活（出差） 2. 社会交往（招待朋友）	1. 表示比较 2. 强调突出的事例 3. 表示转折 4. 征求别人的意见	1. 固定用法：与/和……相比 2. 递进关系复句：……，甚至…… 3. 转折关系复句：……，却……

话题	功能目标	语言点
1. 旅游出行（旅行经历） 2. 地理名胜（桂林山水）	1. 表示选择 2. 强调程度高 3. 寻求帮助	1. 取舍关系复句：与其A，不如B 2. 取舍关系复句：宁可A，也不/也要B 3. 固定用法：没有比……更/再……的（N）了 4. 固定用法：再……不过了

第一课 LESSON 1

变化挺大的
What a Big Change

学习目标 Learning Target

→ **强调事情发生的条件 / Emphasizing the Conditions Under Which Things Happen**

要不是……，（就）…… | 要不是最后他们给学校打了电话，我就回不来了。

→ **表示动作行为产生的影响 / Indicating the Impact of Behavior**

S+把 +O+V+复合趋向补语 | 中国的一切，把我和中国紧紧联系了起来。

→ **描述自己曾经遇到的麻烦 / Describing the Problems You've Had**

差点儿（没）| 我差点儿回不来。

→ **乘坐飞机时的常用语 / Common Expressions Used When on a Plane**

办理登机　托运行李

第一部分

实践准备 Preparation

📖 **看图，用所给语言点完成句子。** According to each picture, complete the corresponding sentences with the given language points.

朋友们有了孩子以后，_____

_____。

（三句话不离）

由于路上堵车，_____

_____。

[差点儿（没）]

旅行的时候我摔倒了，_____

_____。

[要不是……，（就）……]

他们正_____

_____。

（S+把+O+V+复合趋向补语）

情景实践 Situational Practice

生词预习 / Preview New Words

听录音，跟读。　　　　　　　　　　　　　　　　1-1

Listen to the recording and read the following words.

❶	光	guāng	形容词	used up; with nothing left
❷	夸	kuā	动词	praise
❸	适应	shìyìng	动词	be used to
❹	不由自主	bùyóuzìzhǔ		can't help doing something
❺	完全	wánquán	副词	absolutely

课文 1 / Text 1

听录音，补全对话。　　　　　　　　　　　　　　1-2

Listen to the recording and complete the following dialogue.

玛利亚：阿尔达！在家过得怎么样？你都回国半个多月了，
　　　　汉语是不是 _____ 了？

阿尔达：怎么会？我在家也常常和中国的同学、朋友打电话聊
　　　　天儿，他们都 _____ 我汉语越来越 _____ 了。

玛利亚：听得出来你的汉语 _____ 了很多。

阿尔达：你知道吗？我刚回国的时候，还有点儿不 _____
　　　　家里的生活了呢。每天还是习惯早起打一会儿太极
　　　　拳，吃饭总想用筷
　　　　子，和朋友出去玩
　　　　都在 _____ 汉
　　　　语歌，和别人聊天
　　　　儿也是 _____
　　　　中国，而且常常会
　　　　_____ 地说出

❶ 阿尔达现在在哪
　儿？现在他的汉
　语怎么样了？

❷ 阿尔达回国后过
　得怎么样？

❸ 阿尔达发生这些
　变化的原因是什
　么？

一些汉语来。

玛利亚：天啊，你 _____ 把在中国的生活习惯带到了你的国家。

生词预习 / Preview New Words

听录音，跟读。　　　　　　　　　　　　　　　🔊 1-3

Listen to the recording and read the following words.

❶	段	duàn	量词	measure word
❷	剪	jiǎn	动词	cut (with scissors)
❸	相比	xiāngbǐ	动词	compare
❹	办理	bànlǐ	动词	deal with
❺	登机牌	dēngjīpái	名词	boarding pass
❻	安检	ānjiǎn	动词	security check
❼	拦	lán	动词	block
❽	本人	běnrén	代词	oneself
❾	解释	jiěshì	动词	explain
❿	有限	yǒuxiàn	形容词	limited

专有名词（Proper Noun）

⓫	海南	Hǎinán	名词	Hainan province

课文 2 / Text 2

听录音，补全对话。　　　　　　　　　　　　🔊 1-4

Listen to the recording and complete the following dialogue.

❶ 为什么阿尔达说差点儿认不出玛利亚了？

❷ 玛利亚的变化给她自己带来了什么麻烦？

阿尔达：玛利亚，好长时间没看见你了，_____ ____?

玛利亚：我假期去了海南，在那儿住了一个星期。

阿尔达：冬天最适合去海南了，那儿的天气怎么样？

玛利亚：特别热！这不，_____。

阿尔达：你看起来变化是挺大的，_____。你是不是瘦了？

玛利亚：是啊，就是因为现在的样子 _____，我差点儿回不来。

阿尔达：怎么了？

玛利亚：我 _____，准备安检的时候，工作人员 ____ _____，因为他们觉得我本人和护照上的照片不一样。_____，可是语言能力有限，许多词语说不出来，_____ _____，我就回不来了。

阿尔达：我刚来中国时，在机场也遇到了一点儿麻烦，听不懂也说不出来，都急死了。

玛利亚：是啊，这样看来，真得好好学习汉语。

练习 **Practice**

1. 看图，用所给词语写句子。

According to each picture, write sentences with the given words.

❶ 钱　　光

_____

_____

_____

❷ 音乐　　不由自主

_____

_____

_____

❸ 排队　　安检

_____

_____

_____

❹ 女朋友　　解释

_____

_____

_____

2. 读短文，选择恰当的词语填空。

Read the short passage and fill in the blanks with the appropriate words.

变化　　变成　　变

　　转眼我来中国已经快四年了，一直没有回过国，这次终于决定回国看看家人和朋友。家人和朋友见到我都很激动，不过我的 _____ 也让他们很吃惊，要不是我和他们打招呼，他们都认不出来我了。我比刚离开自己国家时瘦了很多，头发也剪短了，_____ 成熟了。以前的我是一个小女孩，现在完全 _____ 了一个漂亮的大姑娘。更让家人意外的是，我对中国的了解和我在中国养成的习惯让我看起来更像一个中国人。

3. **用"S+把+O+V+复合趋向补语"描述图片中的内容。**

   Describe each picture with the sentence structure of "S+把+O+V+复合趋向补语".

   ❶ ❷ ❸

4. **仿照课文2，按要求进行表达。**

   Express yourself in pairs as required with Text 2 as a model.

   ❶ 用"要不是……，（就）……"讲述自己的一段被误解的经历。

   ❷ 用"差点儿（没）"讲述自己曾经遇到过的一些麻烦。

5. **两至三人一组，根据图片提示，说一说乘坐飞机时需要注意的事项。**

   Work in groups of two or three, and talk about what you think should be noted when someone takes a plane. You can use the tips in the following pictures.

   办理登机　　　　　　托运行李　　　　　　禁止携带

第二部分

口语实践 Speaking Practice

1. **课堂活动：生词猜猜猜**。Class Activity: Guess the new words.

   ❶ 老师准备若干张生词卡片，让学生 A 任选一张。

   The teacher prepares some cards of new words and asks Student A to choose one.

   ❷ 学生 A 用汉语向其他同学解释所选词语，让其他同学猜。如果有同学猜对，学生 A 完成挑战，换学生 B 选卡片并解释词语，以此类推。

   Student A explains the meaning of the selected word to other students in Chinese, while others guess which new word is being explained by Student A. When others get it right, it means that Student A succeeds. Then, another student is asked to choose card, and the game goes on.

   参考生词： 提高　　奇怪　　地道　　转眼　　坚持

   　　　　　　 适应　　夸　　　安检　　解释　　拦

2. **课堂活动：我说你做**。Class Activity: I say, you act.

   两人一组，一人用"S+把+O+V+复合趋向补语"下达指令，另一个人根据指令做动作。

   Work in Pairs: One gives orders with the sentence structure of "S+把+O+V+复合趋向补语", and the other acts according to the orders.

   例　A：你把书包里的书拿出来。

   　　B：（做动作）

   参考表达： 进来　　进去　　出来　　出去　　过来　　过去

   　　　　　　 上来　　上去　　下来　　下去　　回来　　回去

3. **仿照示例，按要求用所给语言点进行表达。**

   Follow the model, and express yourself as required with the given language points.

   > 要不是……，（就）……　　差点儿（没）

例： 汉语里有很多词语的意思相近，留学生常常会弄错，讲一讲你在这方面的亲身经历。

我记得刚开始学习汉语时，我上了一节词汇课，专门学习中国人的亲属关系。有两个词让我很难忘记，那就是"外婆"和"奶奶"。要不是我的老师用图片给我进行讲解，告诉我这两个词所代表的内容，我差点儿以为它们是完全一样的。

❶ 你初次和中国人交流时，是否因为汉语发音而闹过笑话？后来是怎么解决的？

❷ 你的好朋友最近胖了一点儿，他／她想减肥，现在每天只吃一顿饭。你觉得这样不好，请结合实际向朋友说明节食减肥的坏处。

❸ 你的家人或朋友想来北京旅行，请结合自己的经历告诉他们要注意的事情。

4. 小组讨论：现在中国的很多城市，不但在机场、火车站会进行安检，而且在地铁站、轻轨站也会进行安检。说说你对这种现象的看法。

Group Discussion: Nowadays, in many Chinese cities, you need to go through security checks not only at the airport and railway station, but also at the metro station and the light rail station. Please give your opinion of this phenomenon.

参考表达： 选择　　相比　　安检　　禁止　　安全　　保证

要不是……，（就）……

第三部分

读写实践 Reading and Writing Practice

1. 用所给语言点改写句子。

Rewrite each sentence with the given language points.

例：如果没有你的帮助，我不可能完成这次的工作。[要不是……，（就）……]

<u>要不是有你的帮助，我就不可能完成这次的工作。</u>

❶ 室友喜欢上了一个爱运动的男孩，我每天都能从她的嘴里听到那个男孩的名字。（三句话不离）

_____

❷ 妈妈刚从海南旅行回来，现在见到人就建议他们也去海南玩玩。（三句话不离）

_____

❸ 这次幸好有你，否则我们就找不到回来的路了。[要不是……，（就）……]

_____

❹ 谢谢你提醒我今天带护照，否则我就得再跑一趟了。[要不是……，（就）……]

_____

❺ 这次考试很难，我只考了 60 分。[差点儿（没）]

_____

❻ 我今天早上起来晚了，进教室的时候上课铃刚响。[差点儿（没）]

_____

2. 听录音，补全短文。

Listen to the recording, and complete the short passage.

🔊 1-5

2019 年 2 月 26 号　　星期二

　　_____❶_____，已经很好地适应了这儿的生活和学习。想起刚来中国的时候，听到的、看到的都是陌生的语言和文字，吃饭也不会用筷子，_____❷_____。要不是同学和老师一直在我身边帮助我，鼓励我，_____❸_____。学习汉语虽然很辛苦，但更多的是快乐。_____❹_____，中国人能听懂，_____❺_____，这不是最让人高兴的事吗？

---

❶ _____

❷ _____

❸ _____

❹ _____

❺ _____

3. 仿照第2题的短文，用所给词语和语言点写一写你来中国后的变化。

With the passage of Exercise 2 as an example, use the given words and language points to write about the changes you have had since you came to China.

> 转眼　　适应　　差点儿（没）　　S+把+O+V+复合趋向补语
> 要不是……，（就）……

_____

_____

_____

_____

4. **根据下面给出的图片，写一篇作文。**Write an essay according to the given picture.

说明

1. 题目：第一次坐飞机

2. 文中必须使用生词：安检　解释　禁止

3. 全部使用汉字

4. 字数要求：120—150 字

学习总结 Summary

1. **总结所有学过的"把"字句的结构，并给出例句。**

Summarize all the "把" sentences you have learned and give examples.

"把"字句	例句

2. 总结询问别人的近况以及向别人说明自己的近况或变化时会用到的词语和句子。

Summarize the words and sentences that are used to ask about how others have been doing recently, and to describe to others how you are doing recently or your changes.

词语	
句子	

3. 总结当你在机场办理登机、托运行李、安检时遇到困难或麻烦，需要向别人解释你的情况，并请别人提供帮助时会用到的词语和句子。

Summarize the words and sentences that can be used to explain your plight and ask for help from others in the following situations: checking in, checking your baggage or going through a security check at the airport.

词语	
句子	

我刚到大学，什么都不懂

I Have Just Started University, and I Don't Know Anything

学习目标 Learning Target

→ **描述相对或相反的事物** / Describing Something That Is the Exact Opposite or Contrary of Another

不是……，而是…… | 这不是课程表，而是办理入学手续的流程表。

→ **表示排除** / Ruling Something Out

除了……以外 | 我除了每天起得太早，有点儿困以外，其他都很顺利。

PART 1

实践准备 Preparation

📖 **看图，用所给语言点完成句子。** According to each picture, complete the corresponding sentences with the given language points.

这家超市里面＿＿＿＿＿＿＿＿＿＿

＿＿＿＿＿＿＿＿＿＿＿＿＿＿＿＿＿。

[疑问代词＋（……）＋都（不
/ 没）+V]

她第一次来这儿旅行，＿＿＿＿＿＿

＿＿＿＿＿＿＿＿＿＿＿＿＿＿＿＿＿。

[疑问代词＋（……）＋都（不
/ 没）+V]

他迟到了，＿＿＿＿＿＿＿＿＿＿

＿＿＿＿＿＿＿＿＿＿＿＿＿＿＿＿＿。

（不是……，而是……）

这道题太难了，＿＿＿＿＿＿＿＿

＿＿＿＿＿＿＿＿＿＿＿＿＿＿＿＿＿。

（除了……以外）

情景实践 Situational Practice

生词预习 / Preview New Words

听录音，跟读。　　　　　　　　　　　　　　　🔊 2-1

Listen to the recording and read the following words.

① 辅导员	fǔdǎoyuán	名词	counsellor
② 填	tián	动词	fill in
③ 表格	biǎogé	名词	form
④ 联系	liánxì	动词	contact
⑤ 流程	liúchéng	名词	process
⑥ 指定	zhǐdìng	动词	assign; designate
⑦ 体检	tǐjiǎn	动词	have a health checkup
⑧ 疑问	yíwèn	名词	question
⑨ 随时	suíshí	副词	anytime
⑩ 指	zhǐ	动词	point
⑪ 打印	dǎyìn	动词	print
⑫ 适合	shìhé	动词	be suitable for
⑬ 冲突	chōngtū	动词	conflict
⑭ 留	liú	动词	leave
⑮ 宽松	kuānsōng	形容词	loose

课文 1 / Text 1

听录音，补全对话。　　　　　　　　　　　　　🔊 2-2

Listen to the recording and complete the following dialogue.

（在新生报到处）

张老师：我叫张丽，是你们的 _____。请把入学通知书给我，我先帮
　　　　你办理学生证和饭卡。然后再 _____ 一下这张 _____，
　　　　写上自己的房间号和手机号，方便以后 _____ 你。

玛利亚：填好了。这是我的课程表吗？

① 玛利亚去学校报到，需要准备什么？

② 玛利亚在报到处找到课程表了吗？为什么？

③ 张老师建议玛利亚选课时需要注意哪些方面？

张老师：这不是课程表，而是办理入学手续的＿＿＿＿＿＿＿。你除了得自己办＿＿＿＿＿＿＿以外，还得去＿＿＿＿＿＿＿的医院体检，地址和流程都在这张表上，下边有我的电话，有＿＿＿＿＿＿＿可以＿＿＿＿＿＿＿问我。

玛利亚：谢谢您，这样就好了吗？可是，您还没给我课程表呢？

张老师：你得先进入这个网站（指网页），在网上选课，然后就可以＿＿＿＿＿＿＿自己的课程表了。

玛利亚：我刚到大学，什么都不懂，您能教教我怎么选课吗？

张老师：（指网页）你看，本科生的课有两种，一种是＿＿＿＿＿＿＿，是必须选的，另一种是＿＿＿＿＿＿＿，你可以选择一些感兴趣的课。

玛利亚：选修课我选几门都行吗？我觉得都挺好的。

张老师：你最好了解一下课程的难度、学分，选择一些＿＿＿＿＿＿＿自己的课。另外，（指网页）这儿写着上课的时间和教室，每门课的上课时间不要相互＿＿＿＿＿＿＿，最好＿＿＿＿＿＿＿出比较＿＿＿＿＿＿＿的准备时间。

玛利亚：我懂了，谢谢您。

📖 **生词预习 / Preview New Words**

听录音，跟读。 🔊 2-3

Listen to the recording and read the following words.

①	包括	bāokuò	动词	include
②	公寓	gōngyù	名词	apartment
③	座	zuò	量词	measure word
④	可惜	kěxī	形容词	unfortunate
⑤	效果	xiàoguǒ	名词	effect

听录音，补全对话。　　　　　　　　　　　　　　　🔊 2-4

Listen to the recording and complete the following dialogue.

高　美：玛利亚，新学期刚开学，一切都顺利吗？

玛利亚：＿＿＿＿＿＿＿＿＿＿＿＿＿＿，有点儿困以外，其他都
　　　　很顺利。

高　美：大学的课多吗？

玛利亚：嗯，我选了挺多课的。这儿和我原来想的完全不一
　　　　样，＿＿＿＿＿＿＿＿＿＿＿＿＿＿。

高　美：那确实很方便。对了，＿＿＿＿＿＿＿＿＿＿＿＿？
　　　　学校的环境怎么样？

玛利亚：好极了。校园特别大，超市、咖啡馆、网球场……什么都有。
　　　　而且，我们＿＿＿＿＿＿＿＿＿＿＿，有空的时候我会在湖
　　　　边看看书、散散步。

高　美：听起来就很美，你赶快把照片发给我看看。

玛利亚：我今天出门就想照了发给你，＿＿＿＿＿＿＿＿＿＿，用手
　　　　机拍的效果不好，等我明天专门用相机拍下来，再给你发。

高　美：没问题。

> ❶ 玛利亚新学期的
> 　生活都顺利吗？
>
> ❷ 玛利亚的大学环
> 　境怎么样？
>
> ❸ 玛利亚为什么没
> 　给高美发照片？

1. 看图，用所给词语写句子。

According to each picture, write sentences with the given words.

❶ 表格　　填

_____

_____

_____

❷ 专门　　随时

_____

_____

_____

❸ 座　　转转

_____

_____

_____

❹ 进行　　冲突

_____

_____

_____

2. 看图，从"进行、举行"这组近义词中，选出恰当的词语回答问题。

According to each picture, choose one word from the synonyms "进行" and "举行" to answer each question.

❶ 前边怎么围着那么多人，是有什么活动吗？

❷ 你看到公布栏上贴着的关于"校园文化节"的通知了吗？上面写了什么？

❸ 听说你们昨天讨论了一下午也没出结果，今天还继续吗？

3. 两人一组，选择话题，用"疑问代词+（……）+都（不/没）+V"进行对话练习。

Select a topic and make a dialogue in pairs with the sentence structure of "疑问代词+（……）+都+（不/没）+V".

❶ 你对新学校的看法。

❷ 你专业课学习的情况。

参考表达：进行　　录取　　入学　　选　　课程表　　本科生　　必修课
选修课

4. 两至三人一组，用"不是……，而是……""除了……以外"表达各自对大学选课的想法及建议。

Work in groups of two or three, and use the sentence structures of "不是……，而是……" and "除了……以外" to express your ideas and suggestions about course selection in the university.

参考表达：可以　　提高　　适合　　选　　时间

5. 两至三人一组，根据图片提示，联系实际说一说新生报到后还应该做哪些事情。

Work in groups of two or three, think about your experience and talk about what else freshmen should do after registration, according to the tips in the following pictures.

办理签证　　　　　　网络注册　　　　　　校园环境

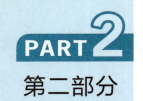

口语实践 Speaking Practice

1. **课堂活动：生词猜猜猜。** Class Activity: Guess the new words.

   ❶ 老师准备若干张生词卡片，让学生 A 任选一张。

   The teacher prepares some cards of new words and asks Student A to choose one.

   ❷ 学生 A 用汉语向其他同学解释所选词语，让其他同学猜。如果有同学猜对，学生 A 完成挑战，换学生 B 选卡片并解释词语，以此类推。

   Student A explains the meaning of the selected word to other students in Chinese, while others guess which new word is being explained by Student A. When others get it right, it means that Student A succeeds. Then, another student is asked to choose card, and the game goes on.

   参考生词：赶快　　立　　课程表　　随时　　宽松
   　　　　　可惜　　填　　辅导员　　专门　　效果

2. **仿照示例，按要求用所给语言点进行表达。**

   Follow the model, and express yourself as required with the given language points.

   例：你刚来中国时，适应这儿的生活吗？［疑问代词＋（……）＋都（不 / 没）+V］

   刚来中国时，我觉得中国人非常多，哪儿都是人。而且汉语很难，刚开始我什么都听不懂，非常不适应。

   ❶ 回忆一下，你上的第一节汉语课是什么情形？［疑问代词＋（……）＋都（不 / 没）+V］

   ❷ 你的同学专业课成绩不理想，你觉得是什么原因？谈谈你的想法。（不是……，而是……）

   ❸ 如果你的弟弟是一个大一新生，开学的时候他选择了本专业的必修课，还选择了很多以前感兴趣但从来没学过的选修课，时间排得满满的，你同意他这样选课吗？为什么？（除了……以外）

❹ 你喜欢什么样的大学，请从学校环境和课程设置两个方面分别说明一下。（不是……，而是……；除了……以外）

3. **小组讨论**。Group Discussion.

❶ 什么样环境的大学更受留学生的欢迎？

❷ 什么样的课程设置更适合留学生学习？

❸ 如何安排大学四年的课程？

参考表达：景色　　适合　　选

　　　　　不是……，而是……

　　　　　除了……以外

4. **两至三人一组，说一说大学报到的流程和注意事项。**

Work in groups of two or three, and talk about procedures and dos and don'ts for registration at the university.

参考表达：办　　课程表　　联系　　号码

　　　　　先……然后……

PART 3 第三部分

读写实践 Reading and Writing Practice

1. 用所给语言点改写句子。

Rewrite each sentence with the given language points.

例：今天的听力练习太难了，所有的句子我都听不懂。[疑问代词 +
（……）+ 都（不 / 没）+V]

今天的听力练习太难了，我什么都听不懂。

❶ 放假了，只要你想找我，我就都有时间。[疑问代词 +（……）+
都（不 / 没）+V]

_____

❷ 这个周末，我想待在家里好好休息休息。[疑问代词 +（……）+
都（不 / 没）+V]

_____

❸ 这个星期三没有考试，考试时间是下个星期三！（不是……，
而是……）

_____

❹ 这次考试没考好，是因为我没仔细看题目，不是因为没有认真
复习。（不是……，而是……）

_____

❺ 我们班好像只有马克还没选好这学期的课。（除了……以外）

_____

❻ 这个星期我们不但有汉语考试，还有专业课的考试。（除了……
以外）

_____

2. 听录音，补全短文。

Listen to the recording, and complete the short passage.

今天是我来大学报到的日子，由于我对大学的注册流程不太了解，____①____。其实昨天晚上 ____②____。早上我一吃完早饭，就赶快来到了报到处。我以为把资料交给老师就好了，后来才发现，____③____，还得填写一张留学生注册登记表。老师给了我一个小册子，上面有所有老师的联系方式和入学规定。老师还 ____④____。最后，老师耐心地提醒我，别忘了进入学校网站进行新学期的选课。____⑤____。

① _____

② _____

③ _____

④ _____

⑤ _____

3. 仿照第2题的短文，用所给词语和语言点写一写你来学校报到时的情景。

With the passage of Exercise 2 as an example, use the given words and language points to write about the day when you came to the university for registration.

> 填　　疑问代词 + （……） + 都（不 / 没）+V
>
> 除了……以外　　专门　　进行

_____

_____

_____

_____

4. **根据下面给出的图片，写一篇作文。** Write an essay according to the given picture.

说明

① 题目自定

② 文中必须使用生词：适合　座　方便

③ 全部使用汉字

④ 字数要求：120—150 字

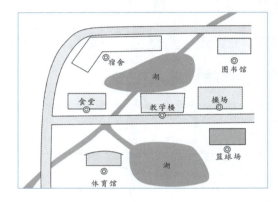

学习总结　Summary

1. **总结表达疑问、询问别人意见的常用词语。**

Summarize the commonly used words to express your doubts and to ask for advice from others.

词语 （Express Doubts）	
词语 （Ask for Advice）	

2. 总结选课时的常用词语和句子。

Summarize the words and sentences that are commonly used when you select a course.

词语	
句子	

3. 当你不同意朋友的想法时，哪些词语可以用来表达自己的想法？

When you disagree with your friend, which words can be used to express your opinion?

词语	

第三课 LESSON 3

我的牙怎么变成这样了?
How Did My Teeth Get like This?

学习目标 Learning Target

→ **表示出乎意料 / Expressing the Feeling That Something Is Beyond Expectation**

怎么 +(V)+ 也 / 都…… | 我怎么也没想到是因为我的牙。

→ **描述状态和程度 / Describing the State or Degree**

不算 A,也不算 B | 我长得不算丑,但也不算帅。

……得(跟 / 像)……似的 | 怎么大家看到我都兴奋得像看到了明星似的?

→ **表达自己的喜好 / Expressing Personal Preference**

我很欣赏意大利队,不过更喜欢主动进攻、积极反击的巴西队。

PART **1**

第一部分

实践准备 Preparation

📖 **看图，用所给语言点完成句子。**According to each picture, complete the corresponding sentences with the given language points.

我很喜欢这件衣服，价钱嘛，___

_____。

（不算 A，也不算 B）

他的手太脏了！_____

_____。

[怎么 +（V）+ 也 / 都……]

假期的作业实在太多了，_____

_____。

[怎么 +（V）+ 也 / 都……]

考试成绩出来了，_____

_____。

[……得（跟 / 像）……似的]

生词预习 / **Preview New Words**

听录音，跟读。 🔊 3-1

Listen to the recording and read the following words.

❶	故意	gùyì	副词	intentionally
❷	糊涂	hútu	形容词	confused
❸	肯定	kěndìng	副词	definitely
❹	难怪	nánguài	副词	no wonder
❺	丑	chǒu	形容词	ugly
❻	帅	shuài	形容词	handsome
❼	明星	míngxīng	名词	star

课文 1 / **Text 1**

听录音，补全对话。 🔊 3-2

Listen to the recording and complete the following dialogue.

马　克：为什么今天大家看我的表情有点儿 _____ 呢？

孟　宏：你是 _____ 把嘴弄成这样的吗？

马　克：什么意思啊？我都叫你说 _____ 了。

孟　宏：你还是自己照照镜子吧。

马　克：天啊！我的牙怎么变成这样
　　　　了？我知道了，_____ 是
　　　　早上刷牙时不小心把染发膏
　　　　当成牙膏用了，_____ 我
　　　　觉得今天的牙膏味道和平时
　　　　不太一样呢。

孟　宏：这颜色太 _____ 了，像
　　　　画上去似的，我一看就忍不
　　　　住想笑。

❶ 为什么同学们的
　 表情不太对劲？

我的牙怎么变成这样了？ | 031

❷ 马克的牙怎么了？

❸ 马克为什么觉得没面子？

马　克：这才刚开学，我就在大家面前 _____ 了这么大一个笑话！怪不得来教室的路上大家都对我笑，我还奇怪，我长得不算丑，但也不算帅，怎么大家看到我都兴奋得像发现了 _____ 似的。我怎么也想不到是因为我的牙。真是太没面子了！

孟　宏：你别太 _____，这也不 _____ 是坏事。这样的你，大家想不记住都难。

📓 生词预习 / Preview New Words

听录音，跟读。 🔊 3-3

Listen to the recording and read the following words.

❶ 通	tōng	形容词	through; clear
❷ 洗漱	xǐshù	动词	wash one's face and rinse one's mouth
❸ 迷迷糊糊	mí mí hū hū		dazed
❹ 射	shè	动词	shoot
❺ 防守	fángshǒu	动词	defend
❻ 进攻	jìngōng	动词	attack
❼ 完美	wánměi	形容词	perfect
❽ 反击	fǎnjī	动词	counterattack

专有名词（Proper Noun）

❾ 巴西	Bāxī	名词	Brazil

📄 课文 2 / Text 2

听录音，补全对话。 🔊 3-4

Listen to the recording and complete the following dialogue.

❶ 马克昨晚干了什么？

孟　宏：_____，你怎么能把染发膏当成牙膏。

马　克：还不是因为熬夜看了一场足球比赛，结果早上洗漱时 _____。

孟　宏：你说的是昨晚意大利队 4∶0 赢的那场比赛吧?

马　克：你也看了? 很精彩吧。尤其是比赛结束前的最后一个进球，_____。

孟　宏：的确很精彩。意大利队的防守一直很厉害，没想到 _____。

马　克：你也是意大利队的球迷?

孟　宏：不算是，也不算不是。我很欣赏意大利队，不过更喜欢 _____。

马　克：难怪你这么了解足球，原来是巴西队的球迷。要是有机会，咱们也踢一场吧?

孟　宏：没问题。

❷ 马克和孟宏喜欢的球队分别有什么特点?

练习　Practice

1. 看图，用所给词语写句子。

According to each picture, write sentences with the given words.

❶ 球迷　　兴奋

_____

_____

_____

❷ 忍不住　　得意

_____

_____

_____

❸ 射　　关键

_____

_____

_____

❹ 完全　　迷迷糊糊

_____

_____

_____

2. 尽可能多地用"怎么+（V）+也 / 都……""……得（跟 / 像）……似的""不算A，也不算B"描述图片中的内容。

Try to describe the following picture by using the sentence structures of "怎么+（V）+也 / 都……", "……得（跟 / 像）……似的" and "不算A，也不算B" as many times as possible.

3. 两人一组，选择场景并用所给语言点进行对话练习。

Select a scene and make a dialogue in pairs with the given language points.

场景一　你穿着两只完全不一样的鞋走进教室。

[怎么 +（V）+也 / 都……]

场景二 早上出门，你的嘴巴周围都是牙膏。

[……得（跟／像）……似的]

4. 如果你遇到下列情况会怎么办？选择合适的词语进行表达。

What will you do in the following situations? Choose the proper words to express your ideas.

❶ 你是巴西队的球迷，最近巴西队有几场重要的比赛，你一直很关注，结果把女朋友的生日忘记了。你要怎么向女朋友解释呢？（完全、全部）

❷ 这场精彩的足球比赛还有五分钟就要结束了，现在比赛双方的比分是 2：2。你认为如果想要赢得这场比赛，双方还需要做什么？（关键、重要）

5. 仿照课文2，说一说你喜欢的运动及其特点，并简单介绍一下你为什么喜欢。

With Text 2 as an example, describe the sport you like and its characteristics, and briefly explain why you like it.

参考表达： 球队　　球迷　　防守　　进攻　　完美　　完全

怎么＋（V）＋也／都……

……得（跟／像）……似的

口语实践 **Speaking Practice**

1. **课堂活动：这是谁?** Class Activity: Who is this?

❶ 老师准备所有学生的名字卡片，让学生 A 任选一张。

The teacher prepares name cards for all students in the class and asks Student A to choose one.

❷ 学生 A 用"不算 A，也不算 B"向其他同学描述卡片上学生的特点，让其他同学猜。如果有同学猜对，学生 A 完成挑战，换学生 B 选卡片描述同学，以此类推。

Student A describes the characteristics of the student whose name is on the card to other students, using the sentence structure of "不算 A，也不算 B". When someone gets the name right according to the description, it means that student A has finished his or her task. Then, student B will be asked to choose a card, and the game goes on.

2. **课堂活动：我说你做。** Class Activity: I say, you act.

❶ 一组学生根据老师写好的句子进行表演。

A group of students act according to the sentences which have been written by the teacher.

❷ 另一组学生在无任何提示的情况下，描述第一组表演的内容，说对句子视为成功。

Without any hints, the second group tries to describe what's being acted out. When they say the right sentences, they fulfill their task.

参考表达： 词语　　完全　　忍不住　　得意　　闹笑话

迷迷糊糊

怎么 +（V）+ 也 / 都……

……得（跟 / 像）……似的

3. 两人一组，仿照示例，用所给语言点表演对话。

According to the model, make and perform dialogues in pairs with the given language points.

> 不算 A，也不算 B　　……得（跟/像）……似的　　怎么 +（V）+ 也/都……

例：你从来不迟到，今天怎么迟到了？

　　A：你从来不迟到，今天怎么迟到了？

　　B：别提了，今天路上堵车了，我坐的公交车慢得像乌龟爬似的。

　　A：我记得你以前都骑车上学，怎么也没想到你今天是坐公交车来的。

❶　你这次的考试成绩退步了很多，到底怎么了？

❷　你今天看起来心情不太好，发生了什么糟糕的事情吗？

❸　昨天晚上的聚会你怎么没参加呀？上次我们不是说好一起去的吗？

4. 小组讨论：观看一段比赛的视频，根据看到的内容选出自己喜欢并认为能胜出的一方，并说明这样选择的原因。

Group Discussion: Watch a video clip of a competition, and choose a team of players which you like and you think can win. Then explain why you choose that team.

参考表达：认为　　射　　防守　　进攻　　关键

　　　　　不算 A，也不算 B

　　　　　怎么 +（V）+ 也/都……

第三部分

读写实践 Reading and Writing Practice

1. 用所给语言点改写句子。

Rewrite each sentence with the given language points.

例：没有人猜到礼物盒里有什么。[怎么＋（V）＋也／都……]

<u>大家怎么都猜不到礼物盒里有什么。</u>

❶ 东西坏了再买就可以，你都多大了，还像个孩子，别哭了。
[……得（跟／像）……似的]

_____

❷ 我男朋友就是一个普通人，长相一般，个头一般。（不算 A，
也不算 B）

_____

❸ 这件衣服我洗了三次了，还是那么脏。[怎么＋（V）＋也／都……]

_____

❹ 今晚的比赛太精彩了，我兴奋得都睡不着觉了。[怎么＋（V）＋
也／都……]

_____

2. 听录音，补全短文。 🔊 3-5

Listen to the recording, and complete the short passage.

> 　　今天的生日聚会，既让我难忘，又让我感动。我刚和同学们认识，＿＿❶＿＿，我想邀请大家来参加我的生日聚会，＿＿❷＿＿。距离生日还有一天的时候，我忍不住问了几个同学，第二天晚上有没有时间一起吃饭，可是他们都说没时间。让人拒绝的滋味真不好！晚上我走到宿舍门口，突然听

到里边唱起了生日歌，然后同桌拿着生日蛋糕，和同学们一起祝我生日快乐。____③____，同桌告诉我，____④____。怪不得大家都说没有时间，原来就是想给我一个惊喜。____⑤____。这真是一个完美的生日聚会。

❶ _____

❷ _____

❸ _____

❹ _____

❺ _____

3. **仿照第2题的短文，用所给词语和语言点，写一写你给别人或者别人给你准备过什么样的惊喜。**

With the passage of Exercise 2 as an example, use the given words and language point to write about a surprise which you once gave others or others gave you.

> 怎么 +（V）+ 也 / 都……　　忍不住　　故意　　糊涂　　完全

_____

_____

_____

_____

_____

4. **根据下面给出的图片，写一篇作文。** Write an essay according to the given pictures.

说明

❶ 题目：我闹了一个大笑话

❷ 文中必须使用生词：射　故意　难怪

❸ 全部使用汉字

❹ 字数要求：120—150 字

❶   ❷

学习总结 Summary

1. **总结所有学过的"被"字句的结构，并给出例句。**

   Summarize all the "被" sentences you have learned and give examples.

"被"字句	例句

2. **总结向别人解释原因的词语和句子。**

   Summarize the words and sentences that are used to explain to someone the reasons for something.

词语	

<table>
<tr><td>句子</td><td></td></tr>
</table>

3. 总结表达自己喜好的句子。

Summarize sentences that can be used to express your preferences.

<table>
<tr><td>句子</td><td></td></tr>
</table>

你误会我了
You Misunderstand Me

学习目标 Learning Target

→ **表达叮嘱 / Advising and Exhorting**

千万 | 你千万别生气，请听我解释。

→ **解释原因 / Explaining Reasons**

由于……（的）缘故 | 也正是由于这个缘故，我才想把你拍下来。

说实话 | 说实话，虽然我的汉语说得很流利，但是老师跟同学们常常说我说的汉语"不中不洋"。

→ **表示产生误会后和好 / Making up with Someone After a Misunderstanding**

不打不相识 | 中国有句俗语叫"不打不相识"，咱们交个朋友吧。

实践准备 Preparation

📖 用所给词语或语言点，改写短文中画线部分的内容。With the given words or language points, rewrite the underlined parts in the following passage.

中国有句话叫"不吐不快"。意思是说，有些话如果不能说出来，就会非常不快乐。这句话很容易懂，❶ 但却很少有人能做到（几乎）。在生活中，❷ 我们很多时候因为太在意别人的看法（难免），或者因为自己性格的原因，不敢表达出自己的想法，时间长了，心情就会受到影响。❸ 有些人会因为没能好好交流而与朋友产生误会 [由于……（的）缘故]，有些人甚至会因此影响身体健康，所以 ❹ 我们一定不能把想说的话放在心里（千万）。什么都不说，无论是对自己还是对别人，都是一件没有好处的事情。

❶ _____

❷ _____

❸ _____

❹ _____

生词预习 / Preview New Words

听录音，跟读。 ◁》 4-1

Listen to the recording and read the following words.

❶	特色	tèsè	名词	characteristic
❷	意愿	yìyuàn	名词	willingness
❸	吸引人	xīyǐn rén		attractive
❹	误会	wùhuì	动词	misunderstand
❺	摄影	shèyǐng	动词	take a photograph/picture (of)
❻	拍摄	pāishè	动词	shoot
❼	社团	shètuán	名词	society
❽	删除	shānchú	动词	delete
❾	抱歉	bàoqiàn	形容词	sorry

课文 1 / Text 1

听录音，补全对话。 ◁》 4-2

Listen to the recording and complete the following dialogue.

李静：你是在拍我吗？

孟宏：啊，不，不是。我只是想拍一些有中国传统＿＿＿＿＿＿＿＿的照片。正好拍到你了。

李静：无论什么原因，你都应该先问问我的＿＿＿＿＿＿＿＿，没有经过别人的允许就拍照，这样一点儿也不礼貌。

孟宏：你千万别生气，请听我解释。我只是觉得你今天的穿着有一种中国＿＿＿＿＿＿＿＿，从这个角度看非常＿＿＿＿＿＿＿＿，也正是由于这个缘故，我才想把你拍下来。

李静：虽然是这样，你也不应该不经过我的同意。再说，谁知道你要用这些照片干什么呢？

孟宏：你＿＿＿＿＿＿＿＿我了，我一点儿不好的想法也没有。这是我的学生证，

❶ 孟宏在干什么？

❷ 李静为什么生气了？

❸ 李静要求孟宏怎么做？

我喜欢 _____，喜欢 _____ 美好的事物，不上课的时候也会为学校 _____ 拍一些照片。

李静：（看学生证）好吧，我相信你了。可是我不太喜欢被拍，要不你还是把我的照片 _____ 吧。

孟宏：没问题。真 _____，让你不高兴了。

📓 生词预习 / Preview New Words

听录音，跟读。　　　　　　　　　　　　🔊 4-3

Listen to the recording and read the following words.

❶ 不中不洋	bùzhōng-bùyáng		neither foreign nor Chinese
❷ 并	bìng	副词	used before a negative for emphasis but with a tinge of refutation
❸ 某	mǒu	代词	some
❹ 行为	xíngwéi	名词	behavior
❺ 原谅	yuánliàng	动词	forgive
❻ 犯错	fàn cuò		make mistakes
❼ 本地人	běndì rén		local people

📑 课文 2 / Text 2

听录音，补全对话。　　　　　　　　　　🔊 4-4

Listen to the recording and complete the following dialogue.

❶ "不中不洋"是什么意思？

❷ 孟宏犯错主要是因为什么？

李静：你的汉语说得不错，来中国很久了吧？

孟宏：_____，虽然我的汉语说得很流利，但是老师跟同学们 _____。其实我来中国的时间并不长，看什么都觉得很新鲜，所以有时候，_____。

李静：原来是这样。刚才我的反应也有点儿大，_____。

　　　　　　　　　_____，_____。

孟宏：不不，谢谢你能原谅我，_____
　　　_____。

李静：中国有句俗语叫"不打不相识"，咱们交个朋
　　　友吧。我叫李静，本地人，是大二的学生。

孟宏：我叫孟宏，很高兴认识你_____
　　　_____。

❸ "不打不相识"的朋友是什么样的朋友？

不打不相识

练习 | **Practice**

1. 看图，用所给词语写句子。

According to each picture, write sentences with the given words.

❶ 几乎　　吸引

_____

_____

_____

❷ 千万　　原谅

_____

_____

_____

❸ 发现　　删掉

_____

_____

_____

❹　难免　　犯错

_____

_____

2.　看图，猜一猜可能发生了什么误会。

According to each picture, guess what kinds of misunderstanding happened.

❶　_____

_____

_____

❷　_____

_____

_____

_____

❸　_____

_____

_____

3.　两人一组，选择场景，用所给词语和语言点进行对话练习。

Select a scene and make a dialogue in pairs with the given word and language point.

> 难免　　由于……（的）缘故

场景一　食堂　　买饭时不按顺序排队

场景二　图书馆　　打电话、吃东西影响别人

场景三　超市　　拿错别人买的东西

场景四　运动场　　打篮球时弄伤了别人

4. **仿照课文1、2，描述并总结阿尔达被别人误会的原因及他处理问题的方式。**

According to Texts 1 and 2, describe and summarize the reasons why Alda was misunderstood by others and how he dealt with the problems.

参考表达：引起　　道歉　　解释　　原谅

口语实践 Speaking Practice

1. 课堂活动：生词猜猜猜。Class Activity: Guess the new words.

❶ 老师准备若干张生词卡片，让学生 A 任选一张。

The teacher prepares some cards of new words and asks Student A to choose one.

❷ 学生 A 用汉语向其他同学解释所选词语，让其他同学猜。如果有同学猜对，学生 A 完成挑战，换学生 B 选卡片并解释词语，以此类推。

Student A explains the meaning of the selected word to other students in Chinese, while others guess which new word is being explained by Student A. When others get it right, it means that Student A succeeds. Then, another student is asked to choose card, and the game goes on.

参考生词：抱歉　　欣赏　　摄影　　反应　　不打不相识

原谅　　吸引　　删掉　　犯错　　不吐不快

2. 选择恰当的词语或语言点回答问题。

Choose the proper words or language points answer the questions.

❶ 你的朋友在电视上看到一个关于减肥食品的广告，打算买来试试，可是你认为吃的东西最好别随便买，你会怎么劝你的朋友？（千万、一定）

❷ 你的姐姐今天要穿一条浅色的裙子去约会，可是你看了天气预报，知道今天会下雨，你要怎么说才能让她换件衣服并带上雨伞？（千万、一定）

❸ 你这次的考试成绩是 61 分，只比及格分高了一分，你觉得太危险了，你会怎么向别人表达自己的想法？［几乎；差点儿（没）］

❹ 你在和别人谈论你的同学，那是一个特别优秀的人，你认为世界上没有什么事情可以难倒他，你会怎么向别人描述你的这个同学？［几乎；差点儿（没）］

3. **如果你遇到下列情况，要怎么告诉朋友？用所给语言点进行表达。**

What will you say to your friend in the following situations? Express yourself with the given language points.

> 不……不……　　由于……（的）缘故

① 才月中，你就因为网购几乎把生活费都花没了，很多东西其实并不需要，但当时你就觉得一定得买，现在你因此而苦恼。

② 你因为看球赛而忘记了女朋友的生日，因为这样的情况发生了不止一次，所以女朋友特别生气。她告诉你，如果你不改这个毛病就要和你分手。

③ 朋友心情不好找你去酒吧，你要准备考试不能去，你和朋友约定，等考试结束后，一定好好陪他喝一杯。

4. **两人一组，选择场景并用所给词语和语言点进行对话练习。**

Select a scene and make a dialogue in pairs with the given words and language point.

> 几乎　　难免　　由于……（的）缘故

场景一　老师叫你到办公室，指出你作业中马虎的地方。

场景二　朋友向你借了一本书，已经过去差不多一个月了，到现在都没还。

场景三　你刚学会骑自行车，结果在路上差点儿把别人撞倒了。

场景四 你用拥抱的方式向异性同学打招呼，差点儿被同学推开。

5. **小组讨论：你们来中国后，因为文化、语言等问题引起的麻烦或误会中，最常发生的是哪种？为什么有这种麻烦或误会？**

Group Discussion: After you came to China, what's the most common misunderstanding or trouble that was caused by culture difference, language barrier or other issue? Why did it occur?

参考表达： 说实话　　难免　　经过　　并　　犯错

由于……（的）缘故

读写实践 Reading and Writing Practice

1. 用所给词语和语言点改写句子。

Rewrite each sentence with the given word and language point.

例：我们都是普通人，一定会有犯错的时候。（难免）

　　我们都是普通人，难免会有犯错的时候。

❶ 虽然我每次都会认真地检查，但偶尔还是会出现问题。（难免）

_____

❷ 这么多照片里一定会有拍得不漂亮的。（难免）

_____

❸ 这些话我放在心里很久了，这次如果再不说出来，我觉得我会不开心的。（不……不……）

_____

❹ 今年的新年晚会到这里就结束了，我们相约明年再相聚。（不……不……）

_____

2. 听录音，补全短文。　　🔊 4-5

Listen to the recording, and complete the short passage.

　　来中国快一年了，虽然朋友们都说我的汉语说得很好，可是 ____❶____ 闹出笑话。今天我就因为发音不标准，差点儿引起误会。____❷____，我得去本地的公安局办理登记。虽然是第一次自己办理登记，不过我一点儿也不担心。____❸____，最后我想问女警官多长时间可以办好，就是因为这个问题，差点儿让别人误会我是个坏人。原来，我把"问"说成"吻"了。_____④_____。_____⑤_____。

① _____

② _____

③ _____

④ _____

⑤ _____

3. **仿照第2题的短文，用所给词语和语言点写一写你曾经因为发音问题引起的误会。**

With the passage of Exercise 2 as an example, use the given words and language point to write about a misunderstanding caused by your mispronunciation.

> 难免　　发现　　千万　　几乎　　由于……（的）缘故

_____

_____

_____

_____

_____

4. **根据下面给出的图片，写一篇作文。** Write an essay according to the given pictures.

说明

① 题目：我们是这样认识的

② 文中必须使用生词：误会　抱歉　原谅

③ 全部使用汉字

④ 字数要求：120—150 字

学习总结 **Summary**

1. 总结所有学过的表示因果关系的句子。

Summarize all the sentences you've learned to describe the causal relationship and write them down.

句子	

2. 生活中还有哪些经常用到的"不……不……"式紧缩复句？

In daily life, are there any other frequently used compressed complex sentences in the form of "不……不……"?

句子	

3. 总结产生误会后，向别人道歉并解释原因的句式。

Summarize the sentence patterns that are used to apologize and explain gourself to others when a misunderstanding occurs.

句式	

第五课
LESSON 5

我得好好招待招待你
I Shall Give You a Warm Reception

学习目标 Learning Target

→ **表示比较 / Expressing Comparisons**

与 / 和……相比 | 和学生时代相比，你现在胖了不少。

→ **强调突出的事例 / Emphasizing Extraordinary Examples**

……，甚至…… | 当时大家都舍不得彼此，有几个女生甚至还哭了。

→ **表示转折 / Describing a Turn of Events**

……，却…… | 老同学却笑话了我一通。

→ **征求别人的意见 / Asking for Advice from Others**

那你有什么建议？

想吃点儿什么？

实践准备 Preparation

📘 **看图，用所给语言点完成句子。** According to each picture, complete the corresponding sentences with the given language points.

这对好朋友已经 12 岁了，_____

_____。

（与 / 和……相比）

中国有很多特别的动物，_____

_____。

（……之一）

现在科技发展得非常快，_____

_____。

（……，甚至……）

上班快迟到了，_____

_____。

（……，却……）

生词预习 / **Preview New Words**

听录音，跟读。 🔊 5-1

Listen to the recording and read the following words.

1	喊	hǎn	动词	call (a person)
2	明显	míngxiǎn	形容词	obvious
3	清淡	qīngdàn	形容词	light

课文 1 / **Text 1**

听录音，补全对话。 🔊 5-2

Listen to the recording and complete the following dialogue.

老同学：义达，我在这儿呢！

张义达：你要是不 _____ 我，我都认不出来你了。和学生时代 _____，你现在胖了不少，都有啤酒肚了。

老同学：这么 _____ 吗？你还是老样子，我一眼就认出来了。

张义达：_____ 毕业后，咱俩有五年没见了吧？

老同学：是啊，这么久没见，我都快忘了你长什么样了。

张义达：哈哈，你这么说难道是不欢迎我吗？

老同学：怎么会呢，_____，我高兴都来不及呢。这回你难得来一趟，我得好好 _____ 你，带你尝尝我们这儿的 _____。

张义达：好啊，那谢谢你了！接下来咱们去哪儿？

老同学：去吃海鲜，这可是厦门的 _____ 之一。

张义达：海鲜是真好吃，_____ 我对它 _____。

老同学：哎呀，我 _____ 忘了你吃不了海鲜。

1. 张义达和老同学多久没见面了？
2. 张义达和老同学都有什么变化？
3. 张义达想吃什么？

那你有什么建议？想吃点儿什么？

张义达：咱们吃点儿 _____ 的食物吧。

📒 生词预习 / Preview New Words

听录音，跟读。　　　　　　　　　　　　　　　🔊 5-3

Listen to the recording and read the following words.

❶	舍不得	shěbude	动词	be reluctant to part with
❷	彼此	bǐcǐ	代词	each other
❸	生意	shēngyi	名词	business
❹	招牌菜	zhāopáicài	名词	signature dish
❺	补充	bǔchōng	动词	supplement
❻	讲究	jiǎngjiu	名词	be particular about
❼	独特	dútè	形容词	unique
❽	配方	pèifāng	名词	recipe
❾	享受	xiǎngshòu	动词	enjoy
❿	拥有	yōngyǒu	动词	own
⓫	养生	yǎngshēng	动词	preserve one's health

📄 课文 2 / Text 2

听录音，补全对话。　　　　　　　　　　　　　🔊 5-4

Listen to the recording and complete the following dialogue.

❶ 这家饭店的服务员推荐他们吃哪些菜？

❷ 这家饭店受欢迎的原因是什么？

张义达：_____咱们班同学一起吃的最后一顿饭就是闽南菜。

老同学：是啊，当时大家都_____，有几个女生 _____。现在想起来，_____，_____。

张义达：唉，确实难忘。这家餐厅的生意看起来还挺不错的。

老同学：这家老板是本地人，所以饭菜的味道很地道，一会儿你尝尝。服务员，点菜。

服务员：您好，今天想吃点儿什么？

老同学：要清淡一点儿的，_____。

服务员：最近天气热，你们可以来一碗鸭汤，对身体非常好。

张义达：天气这么热，为什么要喝热汤呢？

老同学：这你就不懂了吧。天气越热，_____。

张义达：哦，吃饭还有这么多讲究？

服务员：我们店的很多特色菜用的都是独特的中药配方，保证让您在_____。

张义达：怪不得你们的菜这么受欢迎，原来是把文化和养生放到食物中了。

练习 Practice

1. 看图，用所给词语写句子。

According to each picture, write sentences with the given words.

❶ 陌生　明显

_____

_____

_____

❷ 招待　可惜

_____

_____

_____

❸ 临　　舍不得

_____

_____

_____

❹ 讲究　　补充

_____

_____

_____

2. **向同学展示自己以前的照片，并用"与/和……相比"来描述现在的你和过去有什么不一样。**

Show your classmates some old photos of you, and use the sentence structure of "与/和……相比" to describe how you have changed.

参考表达：难忘　胖　瘦　高　矮　以前

3. **选择恰当的词语，为画线部分换一种说法，使句子意思保持不变。**

Choose the proper words to paraphrase the underlined sentences without changing their meanings.

自从　　从

❶ 我是七年前的夏天认识小美的。当时的她，还是一个害羞的小姑娘，虽然不爱说话，❷ 可是我却能在她的眼神中，看到她对我的好奇。上海是一个很潮湿的城市，❸ 我转学到上海之后，身体常常因为不适应上海的气候而

不舒服。这时，小美总是会给我带来不同的上海特产，告诉我多吃身体就会好起来。现在想起来，❹ 认识小美以后，我似乎对上海了解得越来越多了，小美也是我在上海生活时最美好的回忆之一。可惜，高中毕业后，我们考上了不同城市的大学，❺ 两个地方的距离，写信得五天，坐火车得 30 个小时。渐渐地，我们之间的联系越来越少，但是我却没有忘记她，甚至越来越想念她。今年夏天，我们又在上海相聚了，与刚认识彼此的时候相比，我们都成熟了。她变得更漂亮、更开朗了，❻ 我也不再是当初那个瘦瘦小小的男孩，而是一个阳光、热情的帅小伙了。

4. **两人一组，选择话题，用所给语言点进行对话练习。**

Choose a topic, and make a dialogue in pairs with the given language points.

❶ 回忆一下，你和你的同学刚认识时的情景。（……，甚至……）

❷ 介绍一家你喜欢或者不喜欢的饭店，说清楚喜欢或者不喜欢的原因。（……之一；……，却……）

5. **角色扮演：模仿课文2，三人一组，分别扮演朋友1、朋友2、服务员，介绍一个饭店和这个饭店的招牌菜。**

Role Play: With Text 2 as an example, practice in groups of three. The three students should play the roles of Friend 1, Friend 2 and the waiter to introduce a restaurant and its signature dish.

参考表达： 生意　　独特　　讲究　　拥有　　招牌

　　　　　……之一

第二部分

口语实践 **Speaking Practice**

1. **课堂活动：生词猜猜猜。** Class Activity: Guess the new words.

   ❶ 老师准备若干张生词卡片，让学生 A 任选一张。

   The teacher prepares some cards of new words and asks Student A to choose one.

   ❷ 学生 A 用汉语向其他同学解释所选词语，让其他同学猜。如果有同学猜对，学生 A 完成挑战，换学生 B 选卡片并解释词语，以此类推。

   Student A explains the meaning of the selected word to other students in Chinese, while others guess which new word is being explained by Student A. When others get it right, it means that Student A succeeds. Then, another student is asked to choose card, and the game goes on.

   参考生词： 特产　　过敏　　短暂　　分别　　彼此

   　　　　　游览　　招待　　明显　　可惜　　舍不得

2. **比较自己家乡十年前和十年后的不同，用"与/和……相比"说一说。**

   Compare and talk about the differences of your hometown between ten years ago and ten years later with the sentence structure of "与/和……相比".

   参考表达： 环境　　景色　　以前　　现在　　陌生　　时代

   　　　　　明显

3. **仿照示例，按要求用所给词语和语言点进行表达。**

   Follow the example, and express yourself as required with the given words and language points.

   例：说一说你来中国后，刚开始学习汉语时的情景。（竟然；……，甚至……）

   　　刚开始学习汉语时，我虽然知道汉语和别的国家的语言不一样，但没想到竟然这么难。有些汉字甚至有三个不同的读音和意思。

   ❶ 回忆一下你来中国前，临上飞机和家人分别时的情景。（舍不

得；……，甚至……）

❷ 你准备了一桌丰富的家乡菜招待朋友，你会怎么向他们介绍这些菜？（当地；……之一）

❸ 在饭店，老板推荐了自己饭店的招牌菜，但其中有你不能吃或者不喜欢吃的，你要怎么拒绝？（可惜；……，却……）

4. **小组讨论：根据图片提示，说一说在招待不同国家、不同习俗的朋友时，需要注意的事项。**

Group Discussion: According to the tips in the pictures, talk about the dos and don'ts when you entertain friends from different countries with different customs.

了解口味　　　　　　　过敏食物　　　　　　　当地特色

读写实践 Reading and Writing Practice

1. 用所给词语和语言点改写句子。

Rewrite each sentence with the given word and language point.

例：大家都觉得这次考试很容易，可是他觉得很难。（……，却……）
 <u>大家都觉得这次考试很容易，他却觉得很难。</u>

❶ 今天是我的生日，没想到男朋友因为看足球而忘记了，太让我生气了。（竟然）

_____

❷ 我已经讲了五遍了，你怎么还记不住？（竟然）

_____

❸ 他的新工作非常忙，周末都得在公司加班。（……，甚至……）

_____

❹ 他对海鲜过敏，吃一口都难受得厉害。（……，甚至……）

_____

2. 听录音，补全短文。 🔊 5-5

Listen to the recording, and complete the short passage.

> 2018 年 2 月 26 号　星期一
>
> 　　暑假，一个朋友邀请我去他的老家——中国有名的美食之都成都去玩。____❶____，成都的房屋非常有历史特点，走在街上，好像到了古代的中国。那儿的方言也很有意思，我说的汉语他们都能听懂，____❷____，____❸____。在成都期间，朋友带我游览了很多名胜古迹，____❹____，火锅。我很吃惊，

这么热的天还吃火锅？可是朋友解释说，成都的环境比较潮湿，吃火锅可以减少身体里的湿气，对身体非常有好处，这也是成都人喜欢吃辣的原因。____⑤____。

① _____

② _____

③ _____

④ _____

⑤ _____

3. 仿照第2题的短文，用所给词语和语言点写一写你了解到的中国饮食文化的特点。

With the passage of Exercise 2 as an example, use the given word and language points to write about the characteristics of Chinese food culture within your knowledge.

> 与/和……相比　　……，却……　　……，甚至……
>
> ……之一　　讲究

_____

_____

_____

_____

_____

4. 根据下面给出的图片，写一篇作文。 Write an essay according to the given pictures.

说明

① 题目：十年以后的我们

② 文中必须使用生词：明显　分别　相比

③ 全部使用汉字

④ 字数要求：120—150 字

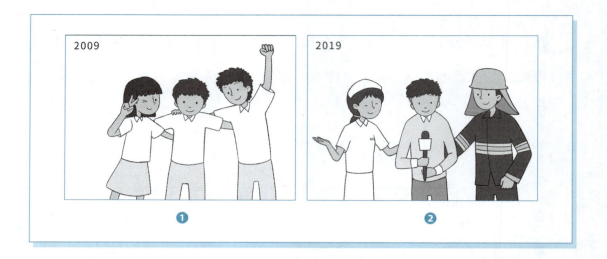

① 2009   ② 2019

学习总结 Summary

1. **总结表达意见或者建议的句子。**

   Summarize the sentences which are used to express views or give advice.

句子	

2. **你知道哪些词语或者语言点是在回忆过去的生活、经历或者情感时经常用到的，请列举出来。**

   Do you know any words or language points that are commonly used to recall past life, experiences or emotions? Please list them.

词语	

语言点	

3. 你知道哪些有地方特色的中国菜名？请列举。

Do you know any Chinese dishes that have local characteristics? Please list them.

中国菜名	

第六课
LESSON 6

有山有水的地方
Where There Are Mountains and Rivers

学习目标　Learning Target

→ **表示选择 / Describing Choices**

与其 A，不如 B | 你与其在房间里闲着，不如出去走走。

宁可 A，也不 / 也要 B | 我宁可多花点儿钱打车，也不想挤公交车。

→ **强调程度高 / Indicating a High Degree or Level**

没有比……更 / 再……的（N）了 | 说到山水，我觉得再也没有比广西桂林更美的地方了。

再……不过了 | 问你真是再正确不过了。

→ **寻求帮助 / Asking for Help**

请你给点儿建议吧。

第一部分

实践准备 Preparation

📖 **看图，用所给语言点完成句子。** According to each picture, complete the corresponding sentences with the given language points.

他在减肥，所以 _____

_____。

（宁可 A，也不 / 也要 B）

由于飞机常常晚点，所以 _____

_____。

（与其 A，不如 B）

我去过一次桂林，_____

_____。

[没有比……更 / 再……的（N）
了]

手机在生活中越来越重要，____

_____。

（再……不过了）

生词预习 / Preview New Words

听录音，跟读。 ◁》 6-1

Listen to the recording and read the following words.

| ❶ 推荐 | tuījiàn | 动词 | recommend |

专有名词（Proper Nouns）

| ❷ 壮族 | Zhuàngzú | 名词 | Zhuang ethnic group |

课文 1 / Text 1

听录音，补全对话。 ◁》 6-2

Listen to the recording and complete the following dialogue.

艾米丽：我想 _____ 下个月假期出去旅游，都说你是个
　　　　"中国通"，给点儿建议吧。

阿尔达：说实话，假期去哪儿都是人。

艾米丽：这我也知道，不过难得有个假期，与其在房间里
　　　　_____，不如出去走走。

阿尔达：也是，你想去哪儿？

艾米丽：就是不知道才想让你 _____ 一
　　　　个既远离 _____，又有山有水
　　　　的地方。

阿尔达：说到山水，我觉得再也没有比桂林
　　　　更美的地方了，都说"桂林山水甲
　　　　天下"。在那儿你不但能看到不同
　　　　_____ 的山与绿色的湖水 _____
　　　　的美丽风景，还能了解到当地的少
　　　　数民族—— _____ 的文化。

❶ 艾米丽为什么去
　　找阿尔达？

❷ 艾米丽想去什么
　　样的地方旅游？

❸ 关于桂林，你都
　　知道什么？

听录音，跟读。 6-3

Listen to the recording and read the following words.

❶	小吃	xiǎochī	名词	snack
❷	名气	míngqi	名词	fame
❸	订	dìng	动词	order; book
❹	旺季	wàngjì	名词	peak period
❺	折扣	zhékòu	名词	discount
❻	高铁	gāotiě	名词	high-speed rail
❼	直接	zhíjiē	形容词	direct
❽	旅游 APP	lǚyóu APP		tourism app
❾	预订	yùdìng	动词	order; book
❿	青年旅馆	qīngnián lǚguǎn		youth hostel
⓫	舒适	shūshì	形容词	comfortable

专有名词（Proper Noun）

⓬	桂林米粉	GuìLín Mǐfěn		Guilin rice noodles

课文 2 / Text 2

听录音，补全对话。 6-4

Listen to the recording and complete the following dialogue.

艾米丽：那儿有什么好吃的吗？

阿尔达：那儿的小吃在全国都是有名的，名气最大的就是桂林米粉了，嘿嘿，吃过保证让你难忘。

艾米丽：_____，我现在就回去订机票。

阿尔达：现在是旅游旺季，机票_____，_____，不会晚点，还可以欣赏窗外的风景，所以_____，_____。

❶ 阿尔达建议艾米丽乘坐什么交通工具去旅行？为什么？

艾米丽：问你果然是正确的，我现在就去火车站买票。

阿尔达：不需要去火车站，用手机就能解决。你下载一个旅游 APP，根据自己的需要选择购买就行了。对了，你是一个人去吗？

艾米丽：马克和我一起去，你把这个 APP 推荐给他吧，我让他买票。

阿尔达：你可以让马克 _____，青年旅馆就很好，_____。

艾米丽：好，就听你的。

❷ 除了去火车站，还可以通过什么途径购买车票？

练习　Practice

1. 看图，用所给词语和语言点写句子。

According to each picture, write sentences with the given words and language point.

❶ 旅行　推荐

_____

_____

_____

❷ 与……组成　桂林

_____

_____

_____

❸ 预订　　折扣

_____

_____

_____

2. 选择恰当的词语回答问题。

Choose the proper words to answer the questions.

当然　　果然

❶ 你来中国多久了？有没有去过长城？如果去过，你觉得它和你想象中的样子一样吗？

❷ 你来中国之前，想象中在中国的生活是什么样的？来中国以后，觉得它和你想象中的样子一样吗？

❸ 你使用过手机 APP 购票（火车票 / 飞机票 / 电影票）吗？用完以后的感觉怎么样？想不想一直使用？

3. 仿照课文1，用"没有比……更/再……的（N）了""再……不过了"向你的朋友或同学推荐一家不错的饭店。

With Text 1 as an example, recommend a good restaurant to your friends or classmates with the sentence structures of "没有比……更/再……的（N）了" and "再……不过了".

参考表达：环境　　价格　　折扣　　位置　　服务
再……不过了

4. 三人一组，根据图片提示，说一说在旅游旺季出行可能遇到的情况。

Work in groups of three, and use the tips in the following pictures to talk about what may happen unexpectedly when you are traveling during the peak tourist season.

人多　　　　　　　　　　　　　　　　客满

堵车

排队

5. 根据课文2，说一说你手机里有哪些常用的APP及其功能。

According to Text 2, talk about the commonly used apps in your mobile phone and their functions.

参考表达：方便　　预订　　折扣　　节省（时间／钱）

与其 A，不如 B

第二部分

口语实践 Speaking Practice

1. 课堂活动：生词猜猜猜。 Class Activity: Guess the new words.

❶ 老师准备若干张生词卡片，让学生 A 任选一张。

The teacher prepares some cards of new words and asks Student A to choose one.

❷ 学生 A 用汉语向其他同学解释所选词语，让其他同学猜。如果有同学猜对，学生 A 完成挑战，换学生 B 选卡片并解释词语，以此类推。

Student A explains the meaning of the selected word to other students in Chinese, while others guess which new word is being explained by Student A. When others get it right, it means that Student A succeeds. Then, another student is asked to choose card, and the game goes on.

参考生词：烦恼　　难忘　　推荐　　赞成　　果然

　　　　　名气　　预订　　保证　　折扣　　难得

2. 仿照示例，按要求用"与其A，不如B""再……不过了"进行表达。

Follow the given example, and express yourself with the sentence structures of "与其A，不如B" and "再……不过了".

例：现在越来越多的人喜欢利用假期出去旅行，你怎么看这样的安排？

　　虽然假期很难得，但大家都出去旅行的话，去哪儿都会有很多人，所以对我来说，与其出去人挤人地看风景，不如待在家里做一些自己喜欢的事，好好休息。

❶ 如果老师让你写一篇中国旅游日记，可是你根本没去过什么地方，你会怎么办？

❷ 旅游旺季，你和朋友去旅行。朋友想坐飞机，而你想坐高铁，你会怎么做？

❸ 如果你有一周的假期，可是假期结束后有期中考试，你会怎么安排这个假期？

❹ 你喜欢去什么样的地方旅行？

3. **小组讨论**。Group Discussion.

❶ 以下几种旅行情况，你认为乘坐哪种交通工具更好？为什么？

In the following situations, which means of transportation do you think is the best? And why?

→ 不是旅游旺季，并且你们想去比较远的城市旅行。

→ 暑假，你和同学一起旅行，时间较长。

→ 你和家人利用三天的假期去周边城市玩。

❷ 两至三人一组，说一说飞机和火车这两种交通工具分别适合哪类旅行？尽量用"宁可 A，也不／也要 B""没有比……更／再……的（N）了"来表达。

Work in groups of two or three and talk about: when you should take a plane or train if you want to travel around. Try to express your opinion with the sentence structures of "宁可 A，也不／也要 B" and "没有比……更／再……的（N）了".

4. **分组展示：两至三人一组，做一个去桂林旅行的方案，内容包括出发的日期，时长、乘坐的交通工具、要去的景点、费用和住宿安排等。**

Present in Groups: Work in groups of two or three, and make a plan of traveling to Guilin, including the departure date, the time you'll spend there, the means of transportation, the scenic spots to visit, the budget, the accommodations and so on.

第三部分

1. 用所给语言点改写句子。

Rewrite each sentence with the given language points.

例：你别在家里看电视了，还是出去运动一下，这样对身体更有好处。（与其 A，不如 B）

你<u>与其</u>在家里看电视，<u>不如</u>出去运动一下，这样对身体更有<u>好处。</u>

❶ 今天太热了，别出去了，咱们还是在家自己做饭吃吧。（与其 A，不如 B）

_____

❷ 我真的没有什么好办法了，还是咱们一起想想吧。（与其 A，不如 B）

_____

❸ 这么热的天你们要去爬山？我还是回房间睡觉吧。（宁可 A，也不 / 也要 B）

_____

❹ 如果不是自己真正喜欢的人，我是不会和他结婚的。（宁可 A，也不 / 也要 B）

_____

2. 听录音，补全短文。 ◁)) 6-5

Listen to the recording, and complete the short passage.

妈妈的生日快到了，我想与其送衣服、鞋子什么的，

____❶____，好好放松一下，____❷____。妈妈一直想去桂林，

我上网查了很多资料，___❸___，选好地方，然后就要买票了。妈妈以前没坐过飞机，所以___❹___，也要让她坐一次，而且，___❺___。

❶ _____

❷ _____

❸ _____

❹ _____

❺ _____

3. **仿照第2题的短文，用所给词语和语言点为别人写一个简单的出行计划。**

   With the passage of Exercise 2 as an example, write a rough travel plan for someone with the given words and language point.

   > 趁　　预订　　果然　　没有比……更／再……的（N）了

   _____

   _____

   _____

   _____

   _____

4. **根据下面给出的图片，写一篇作文。** Write an essay according to the given pictures.

   说明

   ❶ 题目：一次难忘的旅行

   ❷ 文中必须使用生词：推荐　旺季　预订

   ❸ 全部使用汉字

   ❹ 字数要求：150—180 字

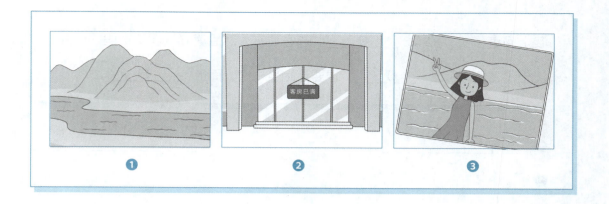

学习总结 Summary

1. 总结预订机票、火车票、酒店时经常用的词语。

Summarize the words that are commonly used to book airline tickets, train tickets and hotels.

词语	

2. 总结寻求建议或表达意见时经常用句子。

Summarize the sentences that are commonly used to seek advice or express your views.

句子 （Seek Advice）	

句子 （Express Views）	

3. 总结制订行程时的常用词语。

Summarize the words that are commonly used to make travel plains.

词语	

第七课
LESSON 7

会工作也要会享受生活
Not Only Work But Also Enjoy Life

学习目标 Learning Target

→ **提出看法、举例 / Proposing Ideas and Giving Examples**

拿……来说 | 就拿吃饭这件事来说吧。

→ **描述发展变化 / Describing Development and Change**

随着 | 人们的想法是随着社会经济的发展，个人收入的提高而发生转变的。

→ **表达意愿 / Expressing Willingness**

想 V 就 V | 他们能够按照自己的想法，想去哪儿就去哪儿。

→ **表示动作或状态结束 / Indicating the End of an Action or State**

不再……了 | 参加旅行团不再是唯一的旅游方式了。

第一部分

实践准备 Preparation

📖 **看图，用所给词语或语言点完成句子。** According to each picture, complete the corresponding sentences with the given word or language points.

现在的生活越来越方便了，____

_____。

（拿……来说）

我一个人在家的时候，_____

_____。

（想 V 就 V）

他终于找到喜欢的女孩，_____

_____。

（不再……了）

_____，

人们越来越重视环境的保护。

（随着）

生词预习 / **Preview New Words**

听录音，跟读。　　　　　　　　　　　　　　　　　　◁ 7-1

Listen to the recording and read the following words.

❶	空闲	kòngxián	名词	spare time
❷	口味	kǒuwèi	名词	taste
❸	寸	cùn	量词	measure word
❹	薯条	shǔtiáo	名词	French fries
❺	芝士	zhīshì	名词	cheese
❻	收费	shōufèi	动词	charge
❼	支付	zhīfù	动词	pay
❽	保证	bǎozhèng	动词	guarantee
❾	转	zhuǎn	动词	transfer

课文 1 / **Text 1**

听录音，补全对话。　　　　　　　　　　　　　　　　◁ 7-2

Listen to the recording and complete the following dialogue.

马　克：忙了一个星期，难得有个 _____，结果还下雨了，
　　　　哪儿也去不了。

周小明：要不咱们别去外面吃饭了，叫外卖吧。

马　克：好啊，那就叫外卖吧。你想吃什么？

周小明：你决定吧，我手机上有个点餐的 APP，想吃什么就
　　　　有什么。

马　克：一直在食堂吃也吃 _____ 了，正好今天换个 _____，就
　　　　吃披萨吧。

周小明：好，我来订。咱们点一个九寸的牛肉披萨，再要一份大 _____
　　　　和两瓶可乐，怎么样？

马　克：可以。对了，披萨里多放点儿土豆和芝士。

❶ 马克和周小明为
　什么不去食堂吃
　饭？

❷ 他们都点了什
　么？

周小明：加芝士是要 _____ 的，一份三块钱。

马　克：那就加一份吧。

周小明：好了，_____ 成功了，手机显示 30 分钟内 _____ 送到。

马　克：一人多少钱? 我一会儿把钱 _____ 给你。

周小明：一共 58 块钱，一人 29，不着急。

🗒 生词预习 / Preview New Words

听录音，跟读。　🔊 7-3

Listen to the recording and read the following words.

❶	艰苦	jiānkǔ	形容词	hard
❷	童年	tóngnián	名词	childhood
❸	个人	gèrén	名词	individual
❹	驾照	jiàzhào	名词	driving license
❺	共享	gòngxiǎng	动词	share
❻	忙里偷闲	mánglǐ-tōuxián		snatch a little leisure from a busy life

📄 课文 2 / Text 2

听录音，补全对话。　🔊 7-4

Listen to the recording and complete the following dialogue.

❶ 马克为什么觉得中国人很会享受生活?

❷ 通过周小明的回答，你觉得是什么改变了中国人的生活方式?

马　克：中国人 _____?

周小明：当然不是，在我父母那个年代，_____，他们在童年几乎没有出去旅行过。

马　克：那是因为年代不同，人们的想法才改变的吗?

周小明：不完全是，我觉得人们的想法是随着社会经济的发展，_____。

马　克：听你这么说，我发现我还需要在生活中更好地了解中国!

周小明：当然啦。那么，这个周末 _____。

马　克：必须去，_____，_____

_____，这可是个好机会啊！____

_____，又能更深刻

地了解中国。只是，我们没有车啊。

周小明：我有驾照，再下载一个共享汽车的

APP，租一辆汽车就都解决了。

马　克：好主意，_____。

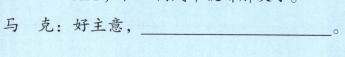

❸ 周小明他们如何
安排这次的自驾
游？

练习　Practice

1.　看图，用所给词语和语言点写句子。

According to each picture, write sentences with the given words and language points.

❶　随着　　空闲

_____

_____

_____

❷　支付　　想V就V

_____

_____

_____

❸ 不再……了　　按照

_____

_____

_____

❹ 腻　　享受

_____

_____

_____

2. 两人一组，仿照课文2，以"用手机订外卖"为话题进行对话练习。

Make a dialogue in pairs with Text 2 as an example. The topic is "ordering a takeaway by mobile phone".

参考表达：支付　　点　　加　　一份

想 V 就 V

3. 用"拿……来说"举例说明，你来中国后都经历了哪些变化。

Use the sentence structure of "拿……来说" to talk about what kinds of changes you have experienced since you came to China.

4. 参考课文2，用"想V就V""不再……了"说一说中国的社会生活有哪些发展变化。

With Text 2 as an example, talk about the changes in Chinese social life with the sentence structures of "想V就V" and "不再……了".

口语实践 Speaking Practice

1. **课堂活动：生词猜猜猜。**Class Activity: Guess the new words.

❶ 老师准备若干张生词卡片，让学生 A 任选一张。

The teacher prepares some cards of new words and asks Student A to choose one.

❷ 学生 A 用汉语向其他同学解释所选词语，让其他同学猜。如果有同学猜对，学生 A 完成挑战，换学生 B 选卡片并解释词语，以此类推。

Student A explains the meaning of the selected word to other students in Chinese, while others guess which new word is being explained by Student A. When others get it right, it means that Student A succeeds. Then, another student is asked to choose card, and the game goes on.

参考生词：勤劳　　节俭　　忙碌　　共享　　　休闲

　　　　　享受　　支付　　减轻　　旅行社　　按照

2. **选择恰当的词语为下面句子换一种说法，使句子意思不变。**

Choose the proper words to paraphrase the following sentences without changing their meanings.

按照　　根据

❶ 这些箱子的排列顺序不对，应该大的在最下面，小的在最上面，你再重新排一遍。

❷ 你提供的这些资料对我们的研究非常有帮助，我们可以很快地得出结论。

❸ 上面文章的内容大家都清楚了吧，那么现在请大家看一下下面的问题并选出正确的答案。

❹ 所有的事情都会发生变化，我们不可能让事情的变化和我们的想法一致。

3. **用"拿……来说"列举你知道的传统就餐方式和新兴就餐方式，并用"随着"说明人们的就餐方式产生变化的原因。**

List both the traditional and the new dining styles that you know with the sentence structure of "拿……来说", and use "随着" to explain the reasons why the dining style has changed.

4. **两人一组，仿照示例，用所给词语和语言点进行对话练习。**

According to the example, make dialogues in pairs with the given words and language points.

例：学校附近新开了一家自助餐厅，开业优惠，学生五折。（想 V 就 V）

    A：听说学校附近新开了一家自助餐厅，咱们周末去尝尝吧。

    B：自助餐厅是没有服务员的餐厅吗？

    A：不是，自助餐厅就是每个人付一样的钱，在规定的时间内可以在那里随便吃的餐厅。你想吃什么就吃什么，想吃多少就吃多少，但不能浪费。而且开业优惠，学生五折，多便宜呀！

    B：这么好，那咱们今天就去吧。

❶ 你已经在食堂整整吃了两个月的饭了，今天想换个口味。（腻；不再……了）

❷ 来中国的第一个长假到了，你想出去旅行，可是觉得带太多现金出去不安全，又担心商家不支持银行卡付款，希望朋友给些建议。（拿……来说；按照）

❸ 期中考试终于结束了，你想利用周末好好放松一下，可是又不想待在宿舍里，希望朋友能给你出一些主意。（想 V 就 V；减轻）

5. **小组讨论：几人一组，说一说自己国家的人们在休闲安排、生活方式等方面发生的变化，并讨论产生这些变化的原因及其利弊。**

Group Discussion: In groups of several students, talk about the changes people in your own country have experienced in terms of their leisure life, lifestyles and so on. Also, discuss the reasons for these changes, as well as the advantages and disadvantages.

参考表达：忙碌   空闲   放松   享受   随着

            拿……来说

            不再……了

第三部分

读写实践 Reading and Writing Practice

1. 用所给词语和语言点改写句子。

Rewrite each sentence with the given word and language point.

例：这家餐厅的菜太难吃，我不会来第二次了。（不再……了）
<u>这家餐厅的菜太难吃，我不再想吃第二次了。</u>

❶ 科学技术在发展，我们的生活质量也跟着慢慢提高了。（随着）

_____

❷ 考试的日期一天天临近，我的压力也越来越大。（随着）

_____

❸ 这次机会非常难得，你错过了就不会有第二次了。（不再……了）

_____

❹ 他一次次骗我们，没有人会相信他了。（不再……了）

_____

2. 听录音，补全短文。 🔊 7-5

Listen to the recording, and complete the short passage.

> 　　曾经的中国，由于经济发展缓慢（huǎnmàn），人们生活的重心（zhòngxīn）就是工作，根本没有充足的时间和金钱去享受生活。所以，___❶___。现在的中国，___❷___，越来越多的人懂得如何（rúhé）利用假期去放松、享受。就拿旅行来说吧，___❸___，更多人想走出国门，了解一下外面的世界。旅行社也不再是连接（liánjiē）游客和目的地的唯一桥梁（qiáoliáng）。___❹___，几乎所有的手机里都带有翻译

APP，想说什么就能翻译什么。现在的中国人 ____⑤____，怪不得很多外国

友人都觉得中国人是非常会享受生活的。

- ❶ _____
- ❷ _____
- ❸ _____
- ❹ _____
- ❺ _____

3. 仿照第2题的短文，用所给词语和语言点写一写你在中国看到或者了解到的人们休闲方式的变化。

With the passage of Exercise 2 as an example, use the given words and language points to write about the changes of the Chinese people's leisure life, which you have seen or learned about in China.

> 曾经　　随着　　不再……了　　拿……来说吧　　想 V 就 V

_____

_____

_____

_____

_____

4. 根据下面给出的图片，写一篇作文。 Write an essay according to the given picture.

说明

- ❶ 题目：生活中的那些变化
- ❷ 文中必须使用生词：支付　随时　按照
- ❸ 全部使用汉字
- ❹ 字数要求：150—180 字

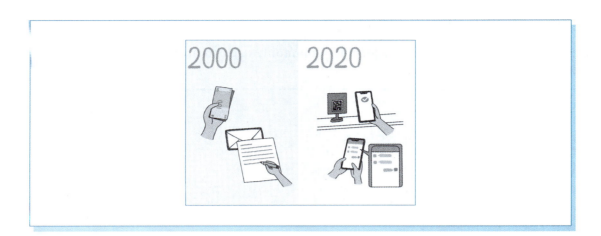

学习总结 Summary

1. 总结列举事例的句子。

Summarize the sentences that are used to give examples.

句子	

2. 总结你学过的表达自己态度的句子。

Summarize the sentences that you've learned that are used in express your attitudes toward somehing.

句子	

3. 总结电话订餐或网络订餐时经常用的词语和句子。

Summarize the words and sentences which are commonly used to order food by mobile phone or online.

词语	
句子	

货比三家
Shop Around and Compare Goods

学习目标　Learning Target

→ **表示让步 / Compromising or Making a Concession**

即使 / 哪怕 / 就算……，也…… | 哪怕是光线不太好的时候，它也可以拍出很棒的效果。

→ **表达态度、决心 / Showing Attitude and Determination**

再……也…… | 手机这样的东西，就算再着急用我也会去店里买。

非……不…… | 我也不是非大品牌不买，最重要的是价格合理。

→ **解释说明 / Explaining and Illustraing**

一来……，二来…… | 这样一来能吸引更多人的关注，二来能及时得到用户的反馈。

实践准备 Preparation

📖 **看图，用所给语言点完成句子。** According to each picture, complete the corresponding sentences with the given language points.

她正在减肥，＿＿＿＿＿＿＿＿＿

＿＿＿＿＿＿＿＿＿＿＿＿。

（即使/哪怕/就算……，也……）

这些是孩子们最喜欢的食物，＿＿

＿＿＿＿＿＿＿＿＿＿＿＿。

（再……也……）

网购越来越受欢迎，＿＿＿＿＿＿

＿＿＿＿＿＿＿＿＿＿＿＿。

（一来……，二来……）

她那么爱吃蛋糕，就算会胖＿＿＿

＿＿＿＿＿＿＿＿＿＿＿＿。

（非……不……）

情景实践 | Situational Practice

生词预习 / Preview New Words

听录音，跟读。　　　　　　　　　　　　　　　　　🔊 8-1

Listen to the recording and read the following words.

❶	款	kuǎn	量词	measure word
❷	销量	xiāoliàng	名词	sales
❸	搜索	sōusuǒ	动词	search for
❹	内存	nèicún	名词	internal memory
❺	容量	róngliàng	名词	capacity
❻	合理	hélǐ	形容词	reasonable
❼	喜好	xǐhào	名词	preference
❽	屏幕	píngmù	名词	screen
❾	英寸	yīngcùn	量词	measure word
❿	内置	nèi zhì		built-in
⓫	音响	yīnxiǎng	名词	hi-fi stereo component system
⓬	达到	dádào	动词	reach
⓭	卖点	màidiǎn	名词	selling point
⓮	优惠	yōuhuì	形容词	discount

课文 1 / Text 1

听录音，补全对话。　　　　　　　　　　　　　　　🔊 8-2

Listen to the recording and complete the following dialogue.

售货员：您好！

艾米丽：您好，请问现在最 _____、最受欢迎的手机有
　　　　哪些？

售货员：这几款手机的 _____ 都比较不错，主要还是看您
　　　　的需求。

艾米丽：我平时喜欢上网 _____ 资料，空闲时下载电影，

❶ 艾米丽对要买的
　手机有什么样的
　要求？

❷ 售货员推荐的手
　机有哪些卖点？

所以对手机的速度和 _____ 要求比较高。还有就是品牌质量得有保证，但也不是非大品牌不买，最重要的是价格 _____ 。

售货员：您对手机的 _____ 有什么特别的喜好吗？

艾米丽：当然是越时尚越好。

售货员：那您看看这个品牌的最新款手机。它的 _____ 非常漂亮，不但颜色的选择多，而且机身 _____ ，屏幕是六英寸，内置音响效果也非常好，最受喜欢看电影、听音乐的消费者欢迎了。它的内存最大能 _____ 256G，完全能满足您的需要。您还可以感受一下它的拍照 _____ 。

艾米丽：这是我吗？它拍出来的照片太漂亮了！

售货员：专业的拍照效果也是这款手机最大的 _____ 。哪怕是光线不太好的时候，它也可以拍出很棒的效果。

艾米丽：那我要是今天买的话，有什么 _____ 吗？

售货员：有的，这款是 _____ ，前十个订单每个优惠 200 元。只是您可能一个月以后才能拿到手机。

艾米丽：没关系，我可以等。

📓 **生词预习 / Preview New Words**

听录音，跟读。 🔊 8-3

Listen to the recording and read the following words.

❶ 实体店	shítǐdiàn	名词	physical store
❷ 风险	fēngxiǎn	名词	risk
❸ 官网	guānwǎng	名词	official website
❹ 正品	zhèngpǐn	名词	certified goods
❺ 售后	shòuhòu	名词	after-sales
❻ 限时	xiànshí	动词	set a time limit
❼ 反馈	fǎnkuì	动词	feed back

⑧	不足	bùzú	名词	short age
⑨	货比三家	huò bǐ sān jiā		shop around and compare goods

课文 2 / Text 2

听录音，补全对话。 🔊 8-4

Listen to the recording and complete the following dialogue.

艾米丽：阿尔达，这不是最近很流行的那款手机吗？

阿尔达：对啊，我新买的，漂亮吧。

艾米丽：我也看中这款手机了，可是售货员告诉我，

　　　　_____。你是怎么买到的？

阿尔达：你说的是实体店，实体店一个月以后才开始卖，我

　　　　这是在网上买的。

艾米丽：网上买的？网上的东西我有点儿不放心。手机这样

　　　　的东西，_____。

阿尔达：_____，但是你可以选择去官网

　　　　买。它们的商品都是正品，_____，都是

　　　　有保证的。我就是在官网买的。

艾米丽：为什么实体店没有销售的手机，官网上会开始销售呢？

阿尔达：这你就不懂了吧。现在很多手机都使用这种网络销售方式，一

　　　　来能吸引更多人的关注，_____，早一点儿

　　　　了解产品本身的不足。

艾米丽：这么说来，官网上的东西和实体店的

　　　　其实是一样的，_____

　　　　_____。

阿尔达：也不全是这样。你可以先去实体

　　　　店了解你要买的产品，再到官

　　　　网上比较一下价格，_____

　　　　_____。

① 阿尔达是如何买
到这款手机的？

② 艾米丽对网上购
物的态度是怎样
的？

③ 这款手机在官网
提前销售的原因
是什么？

1. **看图，用所给词语和语言点写句子。**

According to each picture, write sentences with the given words and language points.

❶ 卖点　　值得

_____

_____

_____

❷ 新款　　非……不……

_____

_____

_____

❸ 往往　　再……也……

_____

_____

_____

❹ 官网　　售后

_____

_____

_____

2. **两人一组，仿照课文2，按要求进行对话练习。**

Make dialogues in pairs as requested, with Text 2 as an example.

❶ 用"一来……，二来……"说一说网购的好处。

❷ 用"即使／哪怕／就算……，也……""非……不……"说一说你自己的购物观点。

3. **选择恰当的词语进行表达。** Express yourself with the proper words.

> 常常　　往往

❶ 中国有句老话："好货不便宜，便宜没好货"，你是怎么理解的？

❷ 现在的智能（zhìnéng）手机可以下载很多翻译APP，可以帮助留学生尽快（jǐnkuài）查到自己想要的生词，但是，很多老师却反对学生用这样的方式学习汉语，谈谈你的看法。

4. **仿照课文2，围绕下列商品，使用"即使/哪怕/就算……，也……"或者"再……也……"表演对话。**

With Text 2 as an example, use the sentence structure of either "即使 / 哪怕 / 就算……，也……" or "再……也……" to act out dialogues about the following goods.

打折服装

二手摩托车

5. **两至三人一组，根据图片提示，说一说如何能从网上购买到让自己满意的商品。**

In groups of two or three, use the tips in the following pictures to talk about how you can buy satisfying goods online.

进入官网

售后保证

网络评价

第二部分

口语实践 Speaking Practice

1. **看图，向同学们介绍一下你自己的手机。**

   Introduce your own mobile phone to your classmates according to the picture.

   参考表达： 品牌　　型号　　外观　　功能　　内存容量
   　　　　　拍照效果　　　速度　　售后

2. **根据自己的网购经历说一说网购存在的风险，并用"即使/哪怕/就算……，也……"提醒大家在网购时需要注意的问题。**

   According to your own experiences of shopping online, talk about the risks of online shopping. Use the sentence structure of "即使 / 哪怕 / 就算……，也……" to remind others of the dos and don'ts, too.

   参考表达： 优惠　　真实性　　内存容量　　售后服务

3. **仿照示例，用所给语言点回答问题。**

   According to the example, answer the questions with the given language points.

   例： 你为什么选择来中国留学？（一来……，二来……）

   　　　我来中国留学的原因主要有两个。一来是觉得汉语在国际上越来越重要，我有必要学习，二来是对中国的文化感兴趣，想多了解一些中国的文化。

   ❶　你看中了一件某品牌最新款的衣服，实体店要一千多块钱，可是某网站上才两百多，你会如何选择？（即使 / 哪怕 / 就算……，也……）

❷ 你的好朋友最近减肥，每天只吃一顿饭，可是你觉得这样的减肥方式非常不健康，你会怎么劝他／她？（再……也……；非……不……）

❸ 你有什么学习汉语的好方法？（一来……，二来……）

4. **小组讨论：下面几点哪些是你购买商品时最看重的？请说明原因。**

Group Discussion: Which of the following things do you think are the mostly likely to shape your decision to buy something and why?

款式

外观

功能

品牌

价格

售后

读写实践 Reading and Writing Practice

1. 用所给语言点改写句子。

Rewrite each sentence with the given language points.

例：你如果还不起床，一定会迟到的。（非……不……）
    你如果还不起床，非迟到不可。

❶ 网上的东西便宜是便宜，但看不到实物我也不敢买。（即使 / 哪怕 / 就算……，也……）

_____

❷ HSK 考试的要求非常严格，差一分也不能通过。（即使 / 哪怕 / 就算……，也……）

_____

❸ 你病得太严重，吃了这么久的药都没有效果，必须去医院了。（非……不……）

_____

❹ 他是一个非常时尚的人，手机一定要用最新款。（非……不……）

_____

2. 听录音，补全短文。   🔊 8-5

Listen to the recording, and complete the short passage.

> 　　小布手机的最新款开始正式在网上销售了，每天会在固定的时间限量销售 1000 部。这种营销（yíngxiāo）方式吸引了很多小布的粉丝。___❶___，也要等在电脑前抢购。___❷___。小布手机这么受欢迎，___❸___，得不到的永远是最好的。___❹___，等于免费给自己的品牌做了一次广告。可是，

小布手机真的适合所有人吗？就拿我来说，平时除了用手机打打电话，看看新闻，上上网，其他的功能我几乎用不着。所以这款小布手机，_____⑤_____，只有适合我的才是对的。

❶ _____

❷ _____

❸ _____

❹ _____

❺ _____

3. **仿照第2题的短文，用所给词语和语言点，写一写你对追求品牌、追求时尚这种购物观念的看法。**

With the passage of Exercise 2 as an example, use the given word and language points to write about your opinion on people's obsession with brands and fashion when it comes to shopping.

> 即使 / 哪怕 / 就算……，也……   值得   非……不……
>
> 一来……，二来……   再……也……

_____

_____

_____

_____

_____

4. **根据下面给出的图片，写一篇作文。** Write an essay according to the given pictures.

说明

❶ 题目：我的网购经验

❷ 文中必须使用生词：搜索　优惠　售后

❸ 全部使用汉字

❹ 字数要求：150—180 字

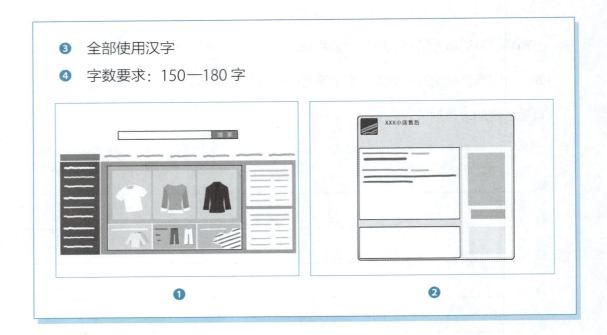

❶   ❷

学习总结 **Summary**

1. **总结向别人解释原因时经常用的句式并给出例句。**

   Summarize the sentence patterns that are commonly used to explain reasons to others, and make sentences with them.

句式	例句

2. **总结向别人介绍、说明某事物时经常用的句子。**

   Summarize the sentences that are commonly used to introduce and illustrate something to others.

句子	

3. 总结在购物过程中经常用的词语和句子。

Summarize the words and sentences that are frequently used in shopping.

词语	
句子	

舌尖上的校园
A Bite of Campus

学习目标 | Learning Target

→ **表示包含前后两项 / Both A and B**

连 A 带 B | 陕西的凉皮，偏酸微辣，凉爽可口，连汤带面吃到嘴里，别提多好吃了。

→ **表示在一定范围内没有例外 / No Exceptions Within a Certain Range**

凡是……，都…… | 凡是辣的，我都喜欢吃。

实践准备 Preparation

📖 **看图，用所给语言点完成句子。** According to each picture, complete the corresponding sentences with the given language points.

有了手机外卖 APP，_____

_____。

（用不着）

KTV 是朋友聚会的好地方，____

_____。

（连 A 带 B）

生活中的垃圾越来越多，_____

_____。

[倘若……，（便）……]

他们一直生活在四川，_____

_____。

（凡是……，都……）

生词预习 / Preview New Words

听录音，跟读。　　　　　　　　　　　　　　　　　　🔊 9-1

Listen to the recording and read the following words.

❶	遍	biàn	动词	all over
❷	目标	mùbiāo	名词	aim
❸	偏	piān	动词	deviate from the normal standard
❹	凉爽	liángshuǎng	形容词	cool
❺	服气	fúqì	动词	be convinced
❻	描述	miáoshù	动词	describe
❼	口水	kǒushuǐ	名词	saliva

专有名词（Proper Nouns）

❽	湘菜	Xiāngcài	名词	Hunan cuisine
❾	陕西	Shǎnxī	名词	Shaanxi province
❿	凉皮	Liángpí	名词	cold rice noodles

课文 1 / Text 1

听录音，补全对话。　　　　　　　　　　　　　　　　🔊 9-2

Listen to the recording and complete the following dialogue.

阿尔达：孟宏，今天学校举办校园美食节，我们去逛逛吧。

孟　宏：我也正打算去呢，用不着出远门就能 _____ 中国的美食，这个机会可是很难得的。

阿尔达：那咱们快走吧，晚了可能就吃不到想吃的东西了。

孟　宏：你这是已经有了 _____ 了？

阿尔达：凡是辣的，我都喜欢吃。听说这次的美食节有川菜和湘菜，这两种菜系的厨师可以把辣椒做出不同的 _____ 来，凡是你能想到的，他们都能做出来。今天我必须去尝尝。

❶ 孟宏为什么觉得校园美食节这个活动很难得？

❷ 阿尔达的口味是什么样的？

❸ 孟宏为什么说他对阿尔达"不服气都不行"？

孟　宏：那我就不和你一起了，我只能吃微辣，或者酸辣。有没有适合我口味的中国菜啊？

阿米尔：你要是喜欢吃酸辣，可以尝尝西北地区的美食。这个季节的话，最适合吃陕西的凉皮，_____ 微辣，_____ 可口，_____ 吃到嘴里，别提多好吃了。

孟　宏：都说你是"中国通"，我不 _____ 都不行，光听你的 _____，我都要流 _____ 了。咱们快走吧！

📓 生词预习 / Preview New Words

听录音，跟读。　　　　　　　　　　　　　　🔊 9-3

Listen to the recording and read the following words.

❶	怀念	huáiniàn	动词	cherish the memory of
❷	装修	zhuāngxiū	动词	decorate
❸	开设	kāishè	动词	establish
❹	改革	gǎigé	动词	reform
❺	包间	bāojiān	名词	private room in a restaurant
❻	首	shǒu	副词	first
❼	场所	chǎngsuǒ	名词	place

📄 课文 2 / Text 2

听录音，补全对话。　　　　　　　　　　　🔊 9-4

Listen to the recording and complete the following dialogue.

孟　宏：如果天天都是美食节，那该多好啊！

阿尔达：_____？我听说咱们学校食堂 _____ _____，计划要 _____，假如真是这样的话，那我们就真的能天天吃到不同地区的美食了。

孟　宏：＿＿＿＿＿＿＿＿＿＿＿？

阿尔达：是啊，我觉得咱们食堂早就该改革了。有一次我去给一个朋友过生日，生日聚会就是在他们学校食堂办的。＿＿＿＿＿＿＿＿＿＿，里面还有电视和音响，＿＿＿＿＿＿＿＿＿＿，也没花多少钱。

孟　宏：要是咱们学校食堂也能这样就好了。

阿尔达：咱们学校食堂门口有一个意见箱，学生可以向食堂提出自己的想法和建议。你可以试试把自己的建议放进去，可能用不了多久，我们的食堂也会变成＿＿＿＿＿＿＿＿＿＿＿＿。

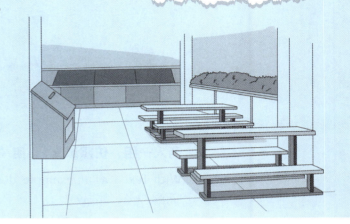

❶ 关于阿尔达学校的食堂，我们可以知道什么？

❷ 孟宏想要一个什么样的食堂？

练习　Practice

1. 看图，用所给词语和语言点写句子。

According to each picture, write sentences with the given words and language point.

❶ 目标　　V+ 遍

＿＿＿＿＿＿＿＿＿＿＿＿＿＿＿＿＿

＿＿＿＿＿＿＿＿＿＿＿＿＿＿＿＿＿

❷ 偏　　口水

＿＿＿＿＿＿＿＿＿＿＿＿＿＿＿＿＿

＿＿＿＿＿＿＿＿＿＿＿＿＿＿＿＿＿

❸ 各　　装修

_____

_____

_____

❹ 通过　　描述

_____

_____

_____

2. 两人一组，仿照课文1，用"凡是……，都……"描述各自的口味。

With Text 1 as an example, describe your taste in pairs with the sentence structure of "凡是……，都……".

3. 根据图片提示，讨论并介绍一下这些美食各来自哪个地区，有哪些特点。

According to the tips in the following pictures, discuss and introduce where the delicious dishes come from and what's special about them.

虾饺

烤鸭

小鸡炖蘑菇

4. 小组讨论：两至三人一组，结合下列信息和课文2，谈谈你对自己学校食堂的了解及看法，然后用"倘若……，（便）……"提出一些帮助自己学校食堂改革的建议。

Group Discussion: Work in groups of two or three, and use the following information and Text 2 to discuss your knowledge and opinion of your university's cafeteria. Give the cafeteria some advice for improvement with the sentence structure of "倘若……，（便）……".

食堂环境

菜品的多样性

食物的价格

网络覆盖情况

口语实践 Speaking Practice

1. **课堂活动：生词猜猜猜**。Class Activity: Guess the new words.

   ❶ 老师准备若干张生词卡片，让学生 A 任选一张。

   The teacher prepares some cards of new words and asks Student A to choose one.

   ❷ 学生 A 用汉语向其他同学解释所选词语，让其他同学猜。如果有同学猜对，学生 A 完成挑战，换学生 B 选卡片并解释词语，以此类推。

   Student A explains the meaning of the selected word to other students in Chinese, while others guess which new word is being explained by Student A. When others get it right, it means that Student A succeeds. Then, another student is asked to choose card, and the game goes on.

   参考生词：描述　　凉爽　　着迷　　怀念　　包间
   　　　　　目标　　服气　　痛快　　改革　　忍受

2. **选择恰当的词语回答问题。**

   Choose with the proper words to answer the question.

   > 通过　　经过

   ❶ 来中国以前，你一般用什么样的方式来了解中国？

   ❷ 了解一下你们班学习成绩好的同学。他 / 她是如何取得这样的成绩的？

   ❸ 一种美食从发明出来到让大家接受并喜爱，要经历怎样的过程？

3. **两人一组，仿照示例，用所给语言点进行对话练习。**

   According to the example, make dialogues in pairs with the given language points.

   例：听说四川有很多美食，可惜我一直很忙，没有时间去品尝。（用不着）

   　　A：听说四川有很多美食，可惜我一直很忙，没有时间去品尝。

B: 如果你只是想品尝四川美食，那用不着去四川，咱们这儿就有很多川菜馆，里面有各种特色美食，想吃什么都能吃到。

❶ 外面的雨越下越大，去不了食堂吃饭了，怎么办呀？（用不着）

❷ 听说你们学校食堂重新装修了，我还没去过呢，装修以后的变化大吗？（连A带B）

❸ 听说最近有一个美食节目叫"舌尖上的中国"，你一定看了吧？（凡是……，都……）

❹ 听说你假期去四川旅行了，都有什么收获啊？［倘若……，（便）……］

4. **实践：中国的饮食和中国的文化有着密不可分的关系。例如"民以食为天"，讲的就是人们把粮食看作是最重要的财富。请以小组为单位，搜集和整理一些跟饮食有关的俗语，然后各小组把自己收集到的这些俗语所表达的意思说出来。**

Project: Chinese food is closely related to Chinese culture. For example, the idiom "民以食为天" (food is the paramount necessity of the people) underlines the fact that people regard food as their most important wealth. Please work in groups to collect and sort out idioms about food, and each group should explain the meanings of these idioms they have collected.

读写实践 Reading and Writing Practice

1. 用所给语言点改写句子。

Rewrite each sentence with the given language points.

例： 如果没有你们的帮助，我是不可能完成这次的工作的。

[倘若……，（便）……]

<u>倘若没有你们的帮助，我便不可能完成这次的工作。</u>

❶ 这次考试成绩在 60 分以下的同学，都必须参加补考。
[倘若……，（便）……]

_____

❷ 幸好现在的手机都有翻译 APP，否则我来中国的路上一定会遇
到很多麻烦。[倘若……，（便）……]

_____

❸ 听说只要是地道的四川人，没有不能吃辣的。（凡是……，
都……）

_____

❹ 我们的汉语老师对我们的要求特别严格，我们哪怕迟到一次，
都会影响最后的学期成绩。（凡是……，都……）

_____

2. 听录音，补全短文。 ◁⑨ 9-5

Listen to the recording, and complete the short passage.

> 　　今天的这期《舌尖上的中国》介绍的是中国西北地区的美
> 食。____❶____，我对中国西北地区的美食有了更深的了解。西
> 北地区盛产小麦，所以当地人日常食物以面食为主。臊子面就

是西北地区最普遍、最受欢迎的早餐。在当地，_____**❷**_____。倘若你以为西北人只吃面条，那你就想错了。_____**❸**_____，如小饭。这里的"饭"指的可不是米饭，_____**❹**_____。小饭里的汤，用的是鸡汤或者牛骨汤，浓浓的汤汁浇在"饭"上，_____**❺**_____！_____**❻**_____。

❶ _____

❷ _____

❸ _____

❹ _____

❺ _____

❻ _____

3. **仿照第2题的短文，用所给词语和语言点介绍中国某个地区的美食或者你熟悉的某一种中国美食。**

With the passage of Exercise 2 as an example, please introduce a regional Chinese delicacy or any Chinese delicacy that you are familiar with. Use the given words and language points.

> 通过　　凡是……，都……　　调料
> 倘若……，（便）……　　花样

_____

_____

_____

_____

_____

4. **根据下面给出的图片，写一篇作文。** Write an essay according to the given pictures.

说明

❶ 题目：生活中的那些变化

❷ 文中必须使用生词：装修　口水　遍

❸ 全部使用汉字

❹ 字数要求：150—180 字

学习总结　Summary

1. **总结所有学过的条件关系复句，并给出例句。**

    Summarize all the conditional complex sentences you've learned and give examples.

条件关系复句	例句

2. 总结所有学过的假设关系复句，并给出例句。

Summarize all the hypothetical complex sentences you've learned and give examples.

假设关系复句	例句

3. 总结描述饮食口味的词语及句子。

Summarize the words and sentences which are used to describe food tastes.

词语	
句子	

第十课
LESSON 10

这不是少，是什么也没有
Not Little, But Nothing

学习目标 Learning Target

→ **强调极端事例 / Emphasizing Extreme Cases**

连……也 / 都…… | 我们的宿舍连厨房都没有。

→ **解释说明 / Explaining or Illustrating**

也就是说 | 也就是说，有些电器你就算买了也无法使用。

→ **表示从两种情况中选择 / Choosing A or B**

要么……，要么…… | 我们吃饭要么去食堂，要么去饭店。

→ **表示拒绝并提出要求 / Expressing Refusal and Demanding for something**

我就是一个学生，负担不了这么贵的房租。没有环境差不多，价钱更便宜的吗？

第一部分

实践准备 Preparation

📖 **用所给词语或语言点给画线句子换一种说法，使句意不变。**
Paraphrase the underlined sentences with the given words or language points, without changing the sentence meanings.

　　大学毕业了，学校要求我们这个月末就得从宿舍搬出来。这样的话，我以后就得租房子住了（也就是说）。现在北京的房价贵得不得了（是），我刚工作，一个月的工资不多。现在的我只有两个选择，一是在闹市和别人合租一套公寓，二是在郊区租一套一居室的公寓（要么……，要么……）。很多人会选择租郊区的公寓，毕竟没有人想和别人分享空间，自己住舒服、自由（A 跟 B 过不去），和别人合租很不方便。可是考虑到郊区上班的路程太远，往返至少得三个小时，我早上六点半就得出门，晚上八点半才能到家，太辛苦了。最后我决定和一个女孩在公司附近的一个小区合租一套公寓，里面什么家具都没有，我打算用这个月的工资先买一张床（连……也／都……），其他的家具以后再慢慢买吧。

生词预习 / Preview New Words

听录音，跟读。　　　　　　　　　　　　　　　◁》 10-1

Listen to the recording and read the following words.

❶	背景	bèijǐng	名词	background
❷	震撼	zhènhàn	形容词	shocking
❸	实验	shíyàn	名词	experiment
❹	接着	jiēzhe	副词	then
❺	门禁	ménjìn	名词	entrance guard
❻	共用	gòng yòng		share
❼	受限	shòu xiàn		restricted

课文 1 / Text 1

听录音，补全对话。　　　　　　　　　　　　◁》 10-2

Listen to the recording and complete the following dialogue.

阿尔达：这部电影太精彩了，特别是_____音乐，效果太_____了，难怪你让我带着音响来看，可惜还没看完你室友就回来了。

周小明：我室友最近忙着做_____，难得有时间回来午睡，咱们不能打扰人家，要不去你那儿_____看吧。

阿尔达：我同屋的女朋友来了，更不方便。

周小明：你们留学生宿舍还挺自由的，没有熄灯、_____这些规定，如果有女朋友，还能进宿舍，真让人羡慕。

阿尔达：留学生宿舍的环境确实不错，不过也有不方便的时候。就拿做饭来说吧，每层只有一个公共厨房，厨房里所有的电器都是_____的，所以一到做饭的时间，里边别提多挤了。

周小明：我们的宿舍连厨房都没有，吃饭要么去食堂，要么去饭店。而

❶ 周小明为什么羡慕阿尔达的宿舍？

❷ 阿尔达对自己的宿舍有什么不满意的地方？

❸ 周小明认为租房子的优点是什么？

且宿舍的电压是 _____ 的，也就是说，有些电器你就算买了也无法使用。我一直想出去租房子住，这样的话，自己想干吗就干吗，既有自己的空间，也不怕影响别人。

阿尔达：你考虑过房租吗？这可不是一笔小 _____ 。

周小明：我想先找个房屋中介了解一下再决定。

生词预习 / Preview New Words

听录音，跟读。 🔊 10-3

Listen to the recording and read the following words.

❶	面积	miànjī	名词	area
❷	便利	biànlì	形容词	convenient
❸	租金	zūjīn	名词	rent
❹	二手	èrshǒu	形容词	second-hand
❺	倍	bèi	量词	measure word
❻	负担	fùdān	动词	bear (a burden)

课文 2 / Text 2

听录音，补全对话。 🔊 10-4

Listen to the recording and complete the following dialogue.

❶ 周小明对房子有哪些要求？

❷ 中介分别介绍了哪几套房子，都怎么样？

中　介：请问您想租什么样的房子？

周小明：我想 _____，只有我一个人住，_____，最好就在这附近。

中　介：那您看看这套，离这儿很近，坐车只要五分钟，小区周围的设施也很齐全，超市、便利店、公交站都在附近，_____。

周小明：房间里有家具吗？

中　介：只有一张单人床，少是少了点儿，＿＿＿＿＿＿＿＿＿＿＿＿＿＿，
　　　　其他家具您可以去二手市场买，也花不了多少钱。

周小明：这不是少，是什么都没有啊。

阿尔达：＿＿＿＿＿＿＿＿＿＿＿＿＿＿，而且那些家具以后也用不上，这套
　　　　就算了吧。还有没有带家具的？

中　介：还有一套是新房，刚装修半年，家具、家电什么的都有，＿＿＿＿
　　　　＿＿＿＿＿＿＿＿＿＿＿，您看行吗？

阿尔达：这么贵？不能便宜点儿吗？

周小明：我就是一个学生，＿＿＿＿＿＿＿＿＿＿＿＿＿。没有环境差不多，
　　　　价钱更便宜的吗？

中　介：要是您不介意和别人合租的话，我这
　　　　儿还有别的。

周小明：那我回去再考虑一下吧，麻烦你了。

阿尔达：你要是花钱和别人合租，还不如继续
　　　　住学校。

周小明：我也觉得，＿＿＿＿＿＿＿＿＿＿＿＿＿，
　　　　我还是别跟钱过不去了。

练习　Practice

1. **看图，用所给词语和语言点写句子。**

   According to each picture, write sentences with the given words and language point.

   ❶　背景　　震撼

   ＿＿＿＿＿＿＿＿＿＿＿＿＿＿＿＿＿＿＿

   ＿＿＿＿＿＿＿＿＿＿＿＿＿＿＿＿＿＿＿

   ＿＿＿＿＿＿＿＿＿＿＿＿＿＿＿＿＿＿＿

❷ 合租　共用

_____

_____

_____

❸ 规定　A 跟 B 过不去

_____

_____

_____

❹ 开销　负担

_____

_____

_____

2. 结合实际，用"也就是说"谈谈下列情况的利弊。

Think a bout the real-life situations and talk about the advantages and disadvantages of the following scenarios with "也就是说".

❶ 留学生的宿舍里有空调、热水器等家用电器，但是学校规定，留学生宿舍里的用水、用电等费用是学生自己负担的。

❷ 留学生宿舍没有门禁，访客登记后也可以进入。

❸ 中国学生的宿舍有门禁、熄灯时间等限制，留学生宿舍却不用担心这些，很多留学生会看电影、听音乐到深夜才睡觉。

3. 两人一组，仿照课文2，根据图片及提示分别扮演租房者和中介人员，用"连……也/都……""是""要么……，要么……"进行对话练习。

With Text 2 as an example, use the pictures and tips to make a dialogue in pairs. One of you plays the role of a tenant and the other a realtor. Please use the sentence structures of "连……也 / 都","是" and "要么……，要么……".

❶ 租房者角色参考

租房者 1：你是一个在校学生，因为要准备考研究生，想租房学习。

租房者 2：你是一个刚参加工作的职员，工资不高，公司不提供宿舍，你需要租房子。

❷ 中介人员角色参考

（A）
周边老小区

无家具（便宜、交通方便）

（B）
郊区好小区

家具齐全（贵、环境安静、设施好）

（C）
闹市小区

合租单间（价格合理、生活便利）

4. **参考课文1、2，谈一谈大学刚毕业的你要如何解决自己的住宿问题，并根据实际情况说一说自己可能遇到的麻烦。**

With Text 1 and Text 2 as examples, talk about how to find a room for rent after graduation. Then think about the real-life situations and discuss the problems you may have.

参考表达：合租　　便宜　　价钱

A 跟 B 过不去

第二部分

口语实践 Speaking Practice

1. 理解下列各组词语，并分别造句。

Try to understand the following pairs of words and make sentences with them.

震撼 —— 傻眼　　规定 —— 规则　　开销 —— 负担

合租 —— 共用　　空间 —— 面积　　市场 —— 超市

2. 仿照示例，按要求用所给语言点进行表达。

Follow the example, and express yourself as required with the given language points.

例：店员向你介绍了一条最新款的裙子，你穿上后也很合适，不过一问价钱，要 1200 块钱。请表达拒绝。（还是……）
　　这条裙子是非常适合我，但价格也太贵了，还是算了吧。

❶ 你因为要考研，想在校外租一套公寓，请向中介人员提出自己的要求。（要么……，要么……）

❷ 现在很多年轻人的生活离不开手机，工作、学习用手机，吃饭、约会用手机，有的人去卫生间也得带手机。谈谈你对这种现象的看法。（连……也 / 都……）

❸ 宿舍生活是学生生活中非常重要的一段经历，但有些宿舍的规定让学生们又爱又恨。谈谈你的宿舍有哪些规定让你不能理解。（也就是说）

3. 小组讨论：住学校宿舍和校外租房各有哪些好处和坏处，根据你现在的情况谈一谈哪种居住方式更适合自己。

Group Discussion: What are the advantages and disadvantages of living on campus or off campus in a rented room? Think about your current situation and talk about which way of living suits you better.

参考表达：合租　　便宜　　价钱　　介意　　受限
　　　　　负担　　便利

4. 实践：根据下面的表格，调查一下你的中国朋友所在城市的租房价格（两室一厅），对各个城市的租房价格进行比较，并总结产生差异的原因。

Research: Use the following table to inquire into the rent (of a two-bedroom apartment) in the cities where your Chinese friends live. Compare the different prices and summarize the reasons for the differences.

参考表达： 便宜　　贵　　负担

要么……，要么……

也就是说

连……也 / 都……

城市名称 （City）	小区位置 （Location of Apartment）	小区环境 （Environment of Apartment）	交通情况 （Traffic Condition）	房屋情况 （Furniture and Appliances）	价格 （Price）
长春	市区，有公园和学校	封闭小区、安全	公交、地铁	有家具、无家电	2500 元 / 月

读写实践 **Reading and Writing Practice**

1. **用所给语言点改写句子。**

   Rewrite each sentence with the given language points.

   例：你学了一年的汉语，怎么不认识这么简单的汉字呢？（连……也 / 都……）

   你学了一年的汉语，怎么连这么简单的汉字都不认识呢？

   ❶ 这件衣服买的时候才 30 块钱，结果穿了不到一个星期就破得不能再穿了。（连……也 / 都……）

   _____

   ❷ 你怎么能把自己的名字写错呢？真是没有比你更马虎的人了。（连……也 / 都……）

   _____

   ❸ 答案一定在 B、C 这两个选项里，我猜是 B。（要么……，要么……）

   _____

   ❹ 1000 块钱可以租到郊区的房子，或者是学校旁边和别人合租的公寓。（要么……，要么……）

   _____

2. **听录音，补全短文。** 🔊 10-5

   Listen to the recording, and complete the short passage.

   > 　　父母要来北京看我，打算在北京住一个星期，_____❶_____，不可以让校外人员在宿舍过夜，所以我只好去学校附近的中介公司打听一下有没有合适的房子出租。因为父母只住一个星期，我想给他们找一套舒适些的公寓，可是 _____❷_____，要么价钱

高得吓人。有些公寓便宜是挺便宜，____③____。也就是说，我还得去二手

市场买家具，____④____。后来一个中国朋友告诉我，其实还有一种房子叫

"日租房"，____⑤____。它的条件和酒店相差不大，但价钱比酒店便宜

些，____⑥____，最重要的是还能做饭，这样的"日租房"完全符合我的要求，

希望父母来的时候也会喜欢。

❶ _____

❷ _____

❸ _____

❹ _____

❺ _____

❻ _____

3. **仿照第2题的短文，假设你的亲友要来看你并打算在你所在的城市住几天，你会如何安排他们的住宿，用下列词语和语言点写一写。**

With the passage in Question 2 as an example, please imagine that your relatives will come to see you and live in your current city for several days. How will you arrange their accommodation? Please write with the following words.

> 开销　　负担　　要么……，要么……
>
> 连……也／都……　　也就是说

_____

_____

_____

_____

4. 根据下面给出的图片，写一篇作文。 Write an essay according to the given pictures.

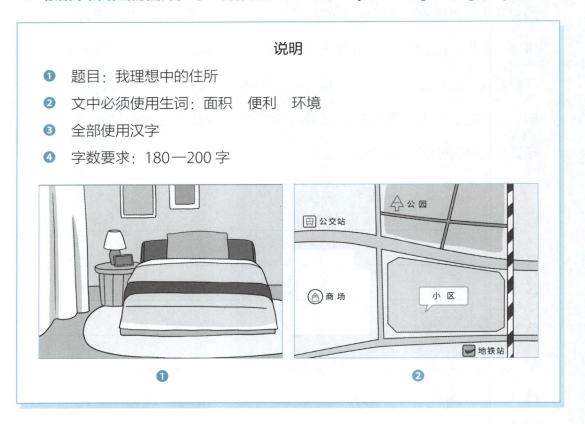

> **说明**
>
> ❶ 题目：我理想中的住所
>
> ❷ 文中必须使用生词：面积　便利　环境
>
> ❸ 全部使用汉字
>
> ❹ 字数要求：180—200 字

❶　　　　　　　　　　　❷

学习总结 Summary

1. 总结提出要求的句式，并给出例句。

Summarize all the sentence patterns used to demand for something and give examples.

句式	例句

2. **总结拒绝别人的词语和句子。**

Summarize the words and sentences used to refuse others.

词语	
句子	

3. **总结租房时经常用的词语和句子。**

Summarize the words and sentences used to rent a house.

词语	
句子	

了解这样的常识太有必要了
It Is Definitely Necessary to Know Such Common Sense

学习目标 Learning Target

→ **强调后果 / Emphasizing the Consequence**

……，否则…… | 幸好伤得不重，否则你连课都上不了了。

→ **描述两件事情接连发生 / Describing Two Things That Happen One After Another**

……，接着…… | 我不小心骑进了机动车道，接着就被一辆汽车撞倒了。

实践准备 Preparation

📓 **用所给语言点补全短文。** Complete the passage with the given language points.

　　上个星期，我经历了一场交通意外。当时我正在一边开车一边用手机发语音，突然一个年轻人骑着自行车从路口冲了出来。虽然我立刻踩了刹车，但是那个年轻人＿＿＿＿＿＿＿＿＿＿＿＿＿＿＿＿（被……给……）。我马上下车查看他的情况，＿＿＿＿＿＿＿＿＿＿＿＿＿＿＿＿（……，接着……）。十分钟后救护车到了，＿＿＿＿＿＿＿＿＿＿＿＿＿＿（在……的……下），那个年轻人被抬上车送到了医院。这场意外我负主要责任，通过这件事也让我明白，＿＿＿＿＿＿＿＿＿＿＿＿＿＿＿（……，否则……）。

生词预习 / Preview New Words

听录音，跟读。 🔊 11-1

Listen to the recording and read the following words.

❶	幸好	xìnghǎo	副词	fortunately
❷	遵守	zūnshǒu	动词	comply with
❸	技术	jìshù	名词	technology
❹	教训	jiàoxùn	动词	teach a lesson

课文 1 / Text 1

听录音，补全对话。 🔊 11-2

Listen to the recording and complete the following dialogue.

马　克：阿尔达，一接到你的电话我们就过来了，现在怎么样了？

阿尔达：胳膊伤得倒是不重，只是我真是吓坏了。

马　克：我看看（看阿尔达的胳膊），_____ 伤得不重，否则连课都上不了了。

孟　宏：你是怎么受伤的？

阿尔达：我刚刚骑车经过路口，想着要超过前边的车，不小心骑进了机动车道，接着就被一辆汽车撞倒了。

孟　宏：你是被车给撞倒的？撞你的人呢？

马　克：我们刚才进来的时候，看到门口有一个高个子的人正和医生说话，不会是他吧。

阿尔达：应该就是那位大哥。事情发生得太突然了，当时我都傻了，是那位大

❶ 阿尔达为什么进了医院？

❷ 通过这件事，阿尔达受到了什么教训？

了解这样的常识太有必要了　│　139

哥把我扶上车，送我到医院的。

马　　克：你可真倒霉。

阿尔达：其实也怪我没有 _____ 交通规则，以为自己 _____ 好，
不会出意外，这次可受到 _____ 了。不过，经历了这件事，
下次我就知道该怎么处理了。

孟　　宏：你可千万别再有下次了。

生词预习 / Preview New Words

听录音，跟读。 11-3

Listen to the recording and read the following words.

❶	车祸	chēhuò	名词	car accident
❷	负	fù	动词	take on
❸	犯	fàn	动词	commit
❹	应急	yìngjí	动词	deal with an emergency
❺	类似	lèisì	动词	be similar to
❻	是否	shìfǒu	副词	whether
❼	拨打	bōdǎ	动词	dial
❽	急救	jíjiù	动词	give first aid
❾	报警	bàojǐng	动词	call the police
❿	判定	pàndìng	动词	judge
⓫	取证	qǔzhèng	动词	obtain evidence
⓬	保险	bǎoxiǎn	名词	insurance

课文 2 / Text 2

听录音，补全对话。 11-4

Listen to the recording and complete the following dialogue.

马　　克：今天差点儿被阿尔达吓死，_____。

孟　　宏：这还不算是车祸啊？交警都来了，_____，
希望他以后别犯同样的错误了。

马　克：这要换了是我，在当时的情况下，估计也会吓傻的。

　　　　我觉得我们确实有必要了解一些交通规则和应急处理

　　　　办法，别等事情发生了才后悔没有提前了解。

孟　宏：＿＿＿＿＿＿＿＿＿＿＿，发生交通意外，＿＿＿＿

　　　　＿＿＿＿＿＿，有的话，如果伤得比较严重，＿＿

　　　　＿＿＿＿＿＿＿＿，再拨打122交通事故报警电话。

马　克：要是没人受伤呢？

孟　宏：这要看情况，如果是人被车给撞了，要打122，＿＿＿＿＿＿

　　　　＿＿＿＿＿。如果是两辆车相撞，

　　　　＿＿＿＿＿＿＿＿＿＿，然后把

　　　　车停在安全且不影响交通的地方，

　　　　再打122。对了，＿＿＿＿＿＿

　　　　＿＿＿＿打电话。

马　克：这么麻烦，我看什么都不如遵守交

　　　　通规则来得重要，这样就没有这些

　　　　麻烦了。

孟　宏：当然了，不过多了解一些总是好的。

❶ 通过阿尔达的这
次意外，马克受
到了什么启发？

❷ 发生交通意外时，
应如何处理？

练习　**Practice**

1. **看图，用所给词语写句子。**

According to each picture, write sentences with the given words.

❶ 遵守　　发生

＿＿＿＿＿＿＿＿＿＿＿＿＿＿＿＿＿＿＿＿＿

＿＿＿＿＿＿＿＿＿＿＿＿＿＿＿＿＿＿＿＿＿

＿＿＿＿＿＿＿＿＿＿＿＿＿＿＿＿＿＿＿＿＿

❷ 类似　　情况

_____

_____

_____

❸ 判定　　是否

_____

_____

_____

❹ 取证　　拨打

_____

_____

_____

2. **用"……，接着……""被……给……"讲述下列场景中各个事件的发生过程。**

Describe how the events develop in the following situations with the sentence structures of "……，接着……" and "被……给……".

场景一　这个人赶时间去上课，没有仔细观察就横穿马路。

场景二　这个人一边过马路一边打电话，司机按喇叭提醒。

场景三　这个人过马路时，没有遵守交通规则。

3. **根据练习2，用"……，否则……"总结行人和司机应遵守的交通规则。**

According to Exercise 2, use the sentence structure of "……，否则……" to summarize the traffic regulations which pedestrians and drivers should obey.

4. **小组讨论：仿照课文2，根据下列图片中出现的情况分别讨论并给出最合适的处理方案。**

Goup Discussion: With Text 2 as an example, discuss to the situation in each picture suggest the most proper solutions.

❶ 高速路上撞到护栏（hùlán）；无人受伤　　❷ 两车相撞；无人受伤　　❸ 撞到行人；行人受伤严重

口语实践　Speaking Practice

1. 课堂活动：生词猜猜猜。 Class Activity: Guess the new words.

❶ 老师准备若干张生词卡片，让学生 A 任选一张。

The teacher prepares some cards of new words and asks Student A to choose one.

❷ 学生 A 用汉语向其他同学解释所选词语，让其他同学猜。如果有同学猜对，学生 A 完成挑战，换学生 B 选卡片并解释词语，以此类推。

Student A explains the meaning of the selected word to other students in Chinese, while others guess which new word is being explained by Student A. When others get it right, it means that Student A succeeds. Then, another student is asked to choose card, and the game goes on.

参考生词：遵守　　教训　　类似　　报警　　车祸

经历　　经验　　意外　　取证　　情况

2. 选择恰当的词语进行表达。 Express yourself with the proper words.

❶ 你听说好友受伤，于是去医院看望他并询问原因。你会说什么？（发生、产生）

❷ 你下个星期有个重要的工作面试，你需要准备什么？（经历、经验）

3. 仿照示例，用所给语言点回答问题。

According to the example, answer the questions with the given language points.

例：你最近一直在忙，是在准备考试吗？（……，否则……）

是的，这个考试对我非常重要，我一定要好好准备，保证通过，否则就不能毕业了。

❶ 你有什么现在想起来都觉得后悔的经历？（……，接着……）

❷ 很多人认为学好汉语语法就能学好汉语，你赞同这种观点吗？（……，否则……）

❸ 如果你在路上看到一位老人被车撞倒，看起来似乎受伤了，司机一直在打电话报警，你会怎么做？（在……的……下）

4. **小组讨论：讨论各个国家交通规则的差异，并分析造成这些差异的原因。**

Group Discussion: Discuss the different traffic rules in different countries and analyze the reasons for these differences.

参考表达：类似 报警 车祸 遵守 接着

PART 3

第三部分

读写实践 **Reading and Writing Practice**

1. 用所给语言点改写句子。

Rewrite each sentence with the given language points.

例：如果你不继续学习，就会忘记这些知识。（……，否则……）

你得继续学习，否则就会忘记这些知识。

❶ 如果没有你的帮助，我无法顺利通过今天的面试，太感谢你了。
（……，否则……）

_____

❷ 这次考试你必须得 85 分以上，这样才能申请到今年的奖学金。
（……，否则……）

_____

❸ 我到处都找遍了，没找到护照，可能是我忘带出来了。（被……
给……）

_____

❹ 我不是自己摔的，是对手和我抢球时撞了我，我才摔倒的。
（被……给……）

_____

2. 听录音，补全短文。 🔊 11-5

Listen to the recording, and complete the short passage.

上个月，___❶___，我顺利地通过了驾驶（jiàshǐ）员考试。
拿到驾照的那天，我兴奋极了，___❷___，就用手机里的租
车 APP 租了一辆汽车，准备周末的时候和朋友去郊区自驾游。
这是我第一次自己开车出去玩，其实还是很紧张的，但随着在

路上的时间越来越长，路上的车辆越来越少，我就慢慢地放松了下来，听着车载（chēzài）音乐，一边和朋友聊天儿，一边开车。_____❸_____，以为是后车觉得我开得太慢了，于是我就加快了速度，但是还是一直能听到喇叭声，是我的车发生什么情况了吗？_____❹_____。过了一会儿，后面的车追了上来，车里的驾驶员朝（cháo）我大声地喊："喂，你的后备箱（hòubèixiāng）没关上！"原来他是发现我没关后备箱，特意提醒我呢。真是非常感谢那位司机，_____❺_____，可能行李也丢得差不多了！

❶ _____

❷ _____

❸ _____

❹ _____

❺ _____

3. **如果你和朋友正开车行驶在高速公路上，突然车出现了问题，可能需要停车检查，你会如何处理？请根据本课内容及相关规定，写出处理方法。**

Suppose you and your friends were driving on an expressway and suddenly there was a problem with the car. You might have to stop the car to have a look. What would you do? Please write down your solution according to what you've learned in this lesson and related traffic regulations.

_____

_____

_____

_____

_____

4. 根据下面给出的图片，写一篇作文。 Write an essay according to the given picture.

> **说明**
>
> ❶ 题目：题目自定
>
> ❷ 文中必须使用生词：遵守　意外　否则
>
> ❸ 全部使用汉字
>
> ❹ 字数要求：180—200 字
>
>

学习总结　Summary

1. 总结问候及关心他人时经常说的句子。

Summarize the sentences that are commonly used to greet others and show your concern for them.

句子	

2. 总结关于意外情况的处理方法。

Summarize the methods that can be used to handle unexpected situations.

方法	

3. 总结出行时经常用的词语和句子。

Summarize the words and sentences that are commonly used when you go traveling.

词语	
句子	

第十二课
LESSON 12
又闹笑话了
Make a Fool of Myself Again

学习目标 | Learning Target

→ **描述连贯进行的动作或事情** / Describing a Succession of Acts or Things

……，于是…… | 昨天打篮球时正好是三个人，于是我就说"三人打，必有我师"。

→ **表达不解、困惑** / Expressing Puzzlement or Confusion

我有个问题不明白，您能帮我解释一下吗？

→ **表示补充，解释说明** / Supplement, Explanation or Illustration

除此之外 | 成语的背后包含着丰富的汉语知识，除此之外，还有一定的历史文化背景。

实践准备 Preparation

📖 **看图，用所给语言点完成句子。**According to each picture, complete the corresponding sentences with the given language points.

她晚上有个重要约会，_____

_____。

［一 M（N）一 M（N）（地）V］

在生活中，_____

_____。

（用……来……）

爱情不是婚姻的全部，_____

_____。

（除此之外）

手机的功能越来越多，_____

_____。

（……，于是……）

情景实践 Situational Practice

生词预习 / Preview New Words

听录音，跟读。 🔊 12-1

Listen to the recording and read the following words.

❶	含义	hányì	名词	meaning
❷	包含	bāohán	动词	contain
❸	一定	yídìng	形容词	definite

课文 1 / Text 1

听录音，补全对话。 🔊 12-2

Listen to the recording and complete the following dialogue.

马　克：杨老师，请等一下，我有个问题不明白，您能帮我解释一下吗？

杨老师：可以啊，那咱们边走边说吧。

马　克：好的。我们上个星期不是学了一个成语"三人行，必有我师"吗？我昨天和朋友们去打篮球时就用了这个成语，可是他们听完都笑话我，说我说得不对。

杨老师：你是怎么说的？

马　克："三人行"不就是三个人在走路，"必有我师"不就是一定会有人能成为我的老师吗？昨天打篮球时正好是三个人，于是我就说"三人打，必有我师"，结果就被大家笑话了。

杨老师：哈哈，怪不得大家笑话你。你这是没完全理解这个成语的真正 _____ 啊。成语的背后 _____ 着丰富的汉语知识，除此之外，还有一

❶ 马克是怎么理解"三人行，必有我师"这个成语的？

❷ 杨老师是怎么对成语进行解释的？

定的历史文化 _____，你缺少这方面的背景知识，所以才会闹笑话。

生词预习 / Preview New Words

听录音，跟读。 🔊 12-3

Listen to the recording and read the following words.

❶	具体	jùtǐ	形容词	specific
❷	随意	suíyì	形容词	random
❸	替换	tìhuàn	动词	replace
❹	固定	gùdìng	动词	regularize
❺	请教	qǐngjiào	动词	consult

课文 2 / Text 2

听录音，补全对话。 🔊 12-4

Listen to the recording and complete the following dialogue.

❶ 成语里的数字能随意替换吗？这些数字有什么含义？

三人行，必有我师

马　克：老师，"三人行"一定得是三个人走路吗？两个人，比如现在，能不能说"两人行，必有我师"？

杨老师：_____。"三人行，必有我师"这句话里，无论是"三"还是"行"，都是一种概括的说法，_____，"行"指的也不是走路，而是生活中的各个方面。

马　克：那"三"这个数字就_____？

杨老师：是的，_____，不能替换。

马　克：我明白了，那"必有我师"的意思是一定会有一个是我的老师吗？

杨老师：可以这么理解，但"师"并不一定是指课堂上的老师，而是_____

　　　　　　。换句话说，一个人有你没有的长处，那么他在那方面就成了你的老师。

马　克：这回我弄明白了，就比如虽然我是您的学生，但是如果您有电脑方面的问题，　　　　　　　　　　　，我就成了您的老师。

杨老师：哈哈，没错，每个人都会有长处和不足，要互相学习才能共同成长。

❷ "必有我师"的"师"指的是什么？

练习　**Practice**

1. 看图，用所给词语和语言点写句子。

According to each picture, write sentences with the given words and language points.

❶　概括　　含义

_____

_____

_____

❷　一M（N）一M（N）（地）V　　请教

_____

_____

_____

❸　替换　　缺少

_____

_____

_____

④　用……来……　　固定

_____

_____

_____

2. **用"用……来……"说一说下列成语的意义和用法，并分析哪些成语里的数字是概括的表达，哪些成语里的数字是具体的表达。**

Explain the meanings and the usages of the following idioms with "用……来……", and then analyze which number in these idioms is approximate, and which is specific.

❶　一心一意：老师告诉我们，做任何事都不能分心，要一心一意地去完成。

❷　半夜三更：我新搬来的邻居也不知道是做什么工作的，每天都得半夜三更才回家。

❸　三言两语：这件事很复杂，我三言两语也说不清楚。

❹　三思而行：经验告诉我们，做任何决定都要三思而行。

3. **两人一组，进行对话练习。仿照课文1、2，用"用……来……""除此之外"总结下列成语的意义及其包含的历史文化知识。**

Make dialogues in pairs. With Text 1 and Text 2 as examples, use the sentence structures of "用……来……" and "除此之外" to summarize the meanings of the following idioms and their historical and cultural connotations.

❶　千里之行，始于足下

❷　青出于蓝

❸　入乡随俗

4. **参考课文1、2，并结合上面的练习题，想一想自己国家是否也有类似的成语，试用汉语翻译出来，分享给同学们。**

With Text 1, Text 2 and the above exercise as examples, think about whether there are similar idioms in your own country, and try to translate them into Chinese to share with your classmates.

参考表达：包含　　概括　　含义

用……来……

口语实践 Speaking Practice

1. **课堂活动：生词猜猜猜**。Class Activity: Guess the new words.

   ❶ 老师准备若干张生词卡片，让学生 A 任选一张。

   The teacher prepares some cards of new words and asks Student A to choose one.

   ❷ 学生 A 用汉语向其他同学解释所选词语，让其他同学猜。如果有同学猜对，学生 A 完成挑战，换学生 B 选卡片并解释词语，以此类推。

   Student A explains the meaning of the selected word to other students in Chinese, while others guess which new word is being explained by Student A. When others get it right, it means that Student A succeeds. Then, another student is asked to choose card, and the game goes on.

   参考生词：思考　　长处　　随意　　概括　　请教
   　　　　　具体　　共同　　替换　　固定　　虚心

2. **选择恰当的词语进行表达**。Express yourself with the proper words.

   ❶ 你在老师和同学们的帮助下，赢得了学校演讲大赛的第一名，你会怎么向他们表示感谢？（相同、共同）

   ❷ 还有十分钟就上课了，可是你的同屋却还在卫生间里打扮，你会对他 / 她说什么？（急忙、赶紧）

   ❸ 你在走路的时候，不小心把同屋放在桌子上的水杯碰倒了。水杯掉在地上摔坏了，同屋回来你会怎么说？（急忙、赶紧）

3. **用所给语言点回答问题**。

   Answer the following questions with the given language points.

   ❶ 大部分成语的结构是固定的，里面的词语也不能随意替换，这就让很多人觉得成语学起来很容易。你同意这种观点吗？［一 M（N）一 M（N）（地）V］

   ❷ 讲一讲你在学习成语的过程中，遇到过什么困难，又是怎么解决的？（……，于是……）

❸ 很多留学生认为成语在生活中并不常用，会几个简单、易懂的成语就可以了，没有必要去了解太多。对于这样的观点，你有什么看法？（换句话说）

4. **小组讨论：几人一组，讨论在学习汉语成语时，你觉得最容易掌握的和最难掌握的部分分别是什么？总结原因，并互相给出一些学习成语的建议。**

Group Discussion: What do you think are the easiest part and the most difficult part when you're learning Chinese idioms? Summarize the reasons and share with each other effective ways to learn Chinese idioms.

参考表达： 含义　　包括　　请教

除此之外

读写实践 | Reading and Writing Practice

1. 用所给语言点改写句子。

Rewrite each sentence with the given language points.

例： 今天出门的时候天在下雨，我们回去拿了雨伞。（……，于是……）

<u>今天出门的时候天在下雨，于是我们回去拿了雨伞。</u>

❶ 我迟到是因为刚才出门后发现作业没带，又回去取作业了。（……，于是……）

_____

❷ 他平时不爱说话，也很少参加学校的活动，时间长了大家都觉得他是一个不太好相处的人。（……，于是……）

_____

❸ 没有人能一下子就成功，这需要长时间的积累。[一M（N）一M（N）（地）V]

_____

❹ 刚开始学习写汉字的时候总觉得是在画画，后来我按照老师说的方法每天练习，渐渐地我写得也越来越好了。[一M（N）一M（N）（地）V]

_____

2. 听录音，补全短文。 🔊 12-5

Listen to the recording, and complete the short passage.

汉语里有一个成语叫"水滴石穿"，刚看到这个成语的时候，我以为它说的只是一种自然现象：水滴能穿石，____❶____。后来常常听人们在工作和生活中用到这个成语，而我却不明白它的意思。于是我去问了老师，这才了解到这是一种比喻，___❷___。也就是说，只要做事情的人有目标、有耐心，___❸___，就能获得成功。___❹___，为什么不能把"石"替换成"木"呢，石头太硬了，怎么可能被穿透呢？老师笑着对我说："你还是对中国的历史文化知识了解得太少了，___❺___，换句话说，只有了解一个成语的出处和背后的含义，才能算是真正学会了这个成语。"

❶ _____

❷ _____

❸ _____

❹ _____

❺ _____

3. **仿照第2题的短文，用所给词语和语言点，写一段你学习第一个成语的经历。**

With the passage of Exercise 2 as an example, use the given words and language points to write about your experience of learning the first Chinese idiom.

> 用……来……　　一 M（N）一 M（N）（地）V　　……，于是……
>
> 含义　　请教

_____

_____

_____

_____

_____

4. **根据下面给出的图片，写一篇作文。** Write an essay according to the given picture.

说明

❶ 题目：有这么一个成语

❷ 文中必须使用生词：含义　替换　典故

❸ 全部使用汉字

❹ 字数要求：220—250 字

学习总结　Summary

1. **总结所有学过的成语。** Summarize all the idioms you've learned.

成语	

2. **总结表达不解、困惑的句式，并给出例句。**

Summarize all the sentence patterns used to express the puzzlement or confusion and give examples.

句式	例句

3. 总结表达解释、说明的句式，并给出例句。

Summarize all the sentence patterns used to explain or illustrate and give examples.

句式	例句

第十三课
LESSON 13

既兴奋又紧张
Not Only Nervous But Also Excited

→ **表示避免某种情形发生 / Preventing a Certain Situation from Happening**

……，以免…… | 不要特意买一些贵重的礼物，以免让彼此产生负担。

→ **表达紧张、激动、兴奋等情绪 / Expressing Such Emotions as Nervousness, Excitement and Exalation**

可是我有点儿担心自己没准备好。

第一部分

实践准备 Preparation

📓 **用所给词语或语言点给画线句子换一种说法，使句意不变。**
Paraphrase the underlined sentences with the given words or language points, without changing their meanings.

　　记得刚上大学的时候，我常常和室友去网吧上网，也是在那时认识了现在的男朋友——他是我第一个在现实中见面的网友。其实我并不相信网恋（wǎngliàn），<u>因为很多男孩总是在刚认识的情况下，就提出见面的要求</u>（动不动）。我觉得这样很不礼貌，而且也存在危险。<u>为了不让这样的危险发生，我从来不会和网友见面</u>（……，以免……）。<u>但事情的发展有时会和你想的方向相反</u>（朝），在上网的过程中一个叫"深蓝"的网友成为了我的好友，每次和他聊天儿都会给我带来温暖和惊喜，他会在我难过的时候安慰、鼓励我，会在我生日的时候提前为我邮寄生日礼物，<u>随着我们聊天儿内容的不断深入，我对他也渐渐产生了好感（hǎogǎn）</u>（V着V着……），最后主动提出和他见面。

情景实践 Situational Practice

生词预习 / Preview New Words

听录音，跟读。 🔊 13-1

Listen to the recording and read the following words.

❶	心不在焉	xīnbúzàiyān		absent-minded
❷	忍不住	rěn bu zhù		can't help
❸	整洁	zhěngjié	形容词	neat
❹	彼此	bǐcǐ	代词	each other
❺	周到	zhōudào	形容词	thoughtful
❻	贵重	guìzhòng	形容词	valuable
❼	服饰	fúshì	名词	clothing
❽	安全感	ānquán gǎn		sense of security
❾	周边	zhōubiān	名词	surrounding area
❿	物价	wùjià	名词	price

课文 1 / Text 1

听录音，补全对话。 🔊 13-2

Listen to the recording and complete the following dialogue.

张义达：孟宏，你今天怎么整节课都 _____，动不动就看手机。

孟　宏：老师，对不起，我也想认真听课，可是听着听着就 _____ 想看手机。

张义达：你平时不这样，今天到底是怎么了？

孟　宏：一个网友终于答应和我见面了，就在今天下午，可是我有点儿担心自己没准备好，见了面会给对方留下不好的印象。

张义达：原来是这样啊，看你这么紧张，对方是个女孩子吧？

孟　宏：是啊，您能给我点儿建议吗？第一次见面，我需要

❶ 孟宏上这节课时的状态怎么样？为什么？

❷ 对于见网友这件事，孟宏担心什么？

❸ 张义达为孟宏提供了哪些方面的建议？

提前准备什么才能给对方留下好印象？

张义达：嗯……我觉得，无论见什么人，都得稍微打扮一下，不需要穿得太正式，简单、_____、舒服最好，这样容易拉近_____的距离。

孟　宏：礼物呢，需要准备吗？

张义达：你想得还挺_____的，准备小惊喜是能加分的，不过不要特意买一些_____的礼物，以免让彼此产生负担，也千万别送_____类的，第一次见面不合适，鲜花、巧克力什么的就很好。

孟　宏：谢谢您的建议，我现在觉得轻松多了。

张义达：对了，约会地点最好选在学校附近，女孩子会比较有安全感，_____的_____也不会让你负担不起。

孟　宏：好的，我就按您说的准备，一定错不了。

📓 **生词预习 / Preview New Words**

听录音，跟读。　　　　　　　　　　　　　　🔊 13-3

Listen to the recording and read the following words.

❶	多亏	duōkuī	动词	thanks to
❷	相似	xiāngsì	形容词	similar
❸	期望	qīwàng	动词	expect
❹	相反	xiāngfǎn	形容词	contrary
❺	确切	quèqiè	形容词	exact
❻	约定	yuēdìng	动词	appoint

📖 课文 2 / Text 2

听录音，补全对话。　　　　　　　　　　　　　🔊 13-4

Listen to the recording and complete the following dialogue.

孟　宏：老师，_____，我的约会很成功。

张义达：哈哈，那太好了！

孟　宏：老师，您怎么这么有经验呢？是不是……

张义达：_____，不过_____
　　　　_____。

孟　宏：怎么会这样呢？是什么时候的事啊？

张义达：是七年前，那时我刚辞职，心情不太好，于是就常
　　　　常上网，在网上认识了一个女孩。她一直安慰我，
　　　　鼓励我，_____。

孟　宏：那你们是见面后，对对方不满意了吗？

张义达：不，_____，是我没见到她。当时我在约定好
　　　　的地点等她，等了好久她都没出现。_____，
　　　　长相完全是我心中想象的那个样子。我走过去把准备好的鲜花
　　　　送给她，结果却发现认错人了。她不是我的网友，还以为我是
　　　　在做什么活动。

孟　宏：怎么会这样！好可惜啊！不过，一个陌生人送来的惊喜，我想
　　　　那个女孩也很难忘记吧。

❶ 张义达为什么很
　有经验？

❷ 请用自己的语言
　简单地描述一下
　张义达当初见网
　友的经历。

1. 看图，用所给词语和语言点写句子。

According to each picture, write sentences with the given words and language points.

❶ 心不在焉　　动不动

_____

_____

_____

❷ 整洁　　周到

_____

_____

_____

❸ 彼此　　相反

_____

_____

_____

❹ 安慰　　∨着∨着……

_____

_____

_____

2. 两人一组，仿照课文1，根据以下描述用"……，以免……"练习对话。

With Text 1 as an example, use the sentence structure of "……，以免……" to make dialogues in pairs according to the following descriptions.

❶ 课间你发现你的桌子上有一张纸条，是你们班的一个男生/女生写给你的，约你周末一起去公园玩。

❷ 考试成绩出来后，你退步了很多，不知道如何向父母解释。

❸ 你参加了学校的一个社团活动，认识了一个不错的男孩/女孩，想在下次社

团活动结束后邀请对方吃饭。

3. 角色扮演：两人一组，选择事件，仿照课文2表演对话。

Role Play: With Text 2 as an example, choose a situation and act out the dialogue in pairs.

事件一　你初次和网友见面时，因为太紧张了，出门时忘了带钱包和手机。结果人虽然是见到了，但却给对方留下了非常不好的印象，以后也没再联系。

事件二　你和女朋友的相识是很偶然的，那天因为突然下起了大雨，很多人都在一家餐厅的门口避雨（bì yǔ）。这时你发现旁边的一个女孩脸色看起来不太好，就主动把自己的外套借给了她，并跑到雨中为她打了一辆车，正是因为这样，你们两个人有了联系，并成为了情侣（qínglǚ）。

事件三　你第一次和男朋友／女朋友约会，提前向朋友请教约会的安排和注意事项，希望能和对方有个难忘的回忆。

事件四　你坐地铁的时候，发现旁边有一个男孩动不动就看你一眼，你以为他对你有好感，于是决定认识一下他。可是男孩却告诉你，他是发现你的衣服上有块脏东西，但不好意思告诉你。

4. 小组讨论：根据前面表演的内容，谈一谈在与网友或有好感的异性朋友初次见面时，需要准备些什么？有哪些注意事项？

Group Discussion: According to role play above, talk about what preparations you should make to meet for the first time a net friend or a friend of the opposite sex who has left a good impression on you. What are the dos and don'ts?

口语实践 Speaking Practice

1. **课堂活动：生词猜猜猜**。Class Activity: Guess the new words.

   ❶ 老师准备若干张生词卡片，让学生 A 任选一张。

   The teacher prepares some cards of new words and asks Student A to choose one.

   ❷ 学生 A 用汉语向其他同学解释所选词语，让其他同学猜。如果有同学猜对，学生 A 完成挑战，换学生 B 选卡片并解释词语，以此类推。

   Student A explains the meaning of the selected word to other students in Chinese, while others guess which new word is being explained by Student A. When others get it right, it means that Student A succeeds. Then, another student is asked to choose card, and the game goes on.

   参考生词： 悄悄　　彼此　　温柔　　显眼　　心不在焉
   　　　　　答应　　期望　　周到　　偶然　　忍不住

2. **选择恰当的词语回答问题。**

   Choose the proper words to answer the questions.

   ❶ 下课后，你的一位同学向你表白（biǎobái），说喜欢你很久了。你自己也说不清楚对人家的感觉，你要如何回答？（突然、忽然）

   ❷ 如果你正暗恋（ànliàn）着一个男孩／女孩，但你担心被拒绝，所以并不想让他／她知道，你会怎么做？（悄悄、偷偷）

3. **用所给词语说句子**。Make sentences with the given words.

   ❶ 向

❷ 朝

❸ 为

4. 用所给语言点按要求进行表达。

Express yourself with the given language points.

❶ 你今天要向一个喜欢了很久的同学表白，你会如何表达？（V着V着……）

❷ 朋友要去见他女朋友的父母，非常紧张，你准备给他一些建议。你会说什么？
（……，以免……）

5. 小组游戏：故事接龙。 Group Game: Story Chain.

❶ 全班同学分为若干组，每组第一个学生任意选择一个词语说一句话。

All the students are divided into several groups, and the first student of each group should randomly choose a word to make a sentence.

❷ 后面的学生结合前面同学说的句子选择新词说句子，各组依次说完。要求每组成员说的句子能连成一个完整的故事，哪组的故事最完整则获胜。

The next student should choose a new word to begin another sentence until all the students in this group have finished. The rule is that the sentences spoken by each group can be combined into a complete story. The group with the most complete story is the winner.

参考表达： 情人节　　约定　　惊喜　　忽然　　特意　　动不动

……，以免……　　V着V着……

PART **3**

第三部分

读写实践 Reading and Writing Practice

1. 用所给语言点改写句子。

Rewrite each sentence with the given language points.

例：爸爸年纪大了，看电视总会睡着。（V着V着……）

<u>爸爸年纪大了，看电视看着看着就睡着了。</u>

❶ 这个地方我从来没来过，越走越觉得自己好像迷路了。（V着V着……）

_____

❷ 今天早上我居然发现自己睡在了地上，可能是昨晚睡觉的时候掉下去的。（V着V着……）

_____

❸ 你现在就把明天考试要带的东西整理好，别到了考场才想起来忘记带了。（……，以免……）

_____

❹ 你出门时记得在钱包里放点儿零钱，否则会没有办法坐公交车。（……，以免……）

_____

2. 听录音，补全短文。 🔊 13-5

Listen to the recording, and complete the short passage.

今天的经历让我既害羞又难忘。其实在那个男孩走过来之前，我就已经注意到他了。____❶____，手里拿着一束鲜花，____❷____，他似乎是在等什么人。____❸____。可是____❹____。难道他在等我？可是我并不认识他呀。正想着，他已经走到了我的面前，我似乎听到了自己的心跳声，同时听到他害羞地说：

"你是……吗？"他认错人了！我呆呆地看着他摇了摇头。他的脸一下子就

变红了，似乎有些不好意思，但却没有马上离开，而是把花放到了我的手里，

微笑着说："＿＿＿❺＿＿＿。"

❶ ＿＿＿＿＿＿＿＿＿＿＿＿＿＿＿＿＿＿＿

❷ ＿＿＿＿＿＿＿＿＿＿＿＿＿＿＿＿＿＿＿

❸ ＿＿＿＿＿＿＿＿＿＿＿＿＿＿＿＿＿＿＿

❹ ＿＿＿＿＿＿＿＿＿＿＿＿＿＿＿＿＿＿＿

❺ ＿＿＿＿＿＿＿＿＿＿＿＿＿＿＿＿＿＿＿

3. **仿照第2题的短文，想一想你或你的朋友是否也发生过类似的误会，试用所给词语和语言点写一篇关于误会的短文，详细描述事情发生的经过和你或你的朋友当时的心情。**

With the passage of Exercise 2 as an example, think about whether similar misunderstanding has happened to you or your friend. Try to use the following words and language points to write a short passage about the misunderstanding.Please describe in details how it happened and how you or your friend felt at that time.

> 相似　　忽然　　朝/向/往……　　忍不住　　V着V着……

＿＿＿＿＿＿＿＿＿＿＿＿＿＿＿＿＿＿＿＿＿＿＿＿＿＿＿＿＿＿

＿＿＿＿＿＿＿＿＿＿＿＿＿＿＿＿＿＿＿＿＿＿＿＿＿＿＿＿＿＿

＿＿＿＿＿＿＿＿＿＿＿＿＿＿＿＿＿＿＿＿＿＿＿＿＿＿＿＿＿＿

＿＿＿＿＿＿＿＿＿＿＿＿＿＿＿＿＿＿＿＿＿＿＿＿＿＿＿＿＿＿

＿＿＿＿＿＿＿＿＿＿＿＿＿＿＿＿＿＿＿＿＿＿＿＿＿＿＿＿＿＿

4. **根据下面给出的图片，写一篇作文。** Write an essay according to the given pictures.

说明
❶ 题目：难忘的初次约会

② 文中必须使用生词：特意　忽然　彼此

③ 全部使用汉字

④ 字数要求：220—250 字

❶ ❷ ❸

学习总结　Summary

1. **总结所有学过的介词及其用法，并给出恰当的例句。**

Summarize all the prepositions you've learned and their usages, and try to give proper examples.

介词＋用法	例句

2. **总结与消除误会相关的句子。**

Summarize all the sentences about resolving a misunderstanding.

句子	

3. 总结适合初次见面时谈论的话题。

Summarize the topics that are suitable to be discussed first meet someone.

话题	

第十四课
LESSON 14

被密码打败了
Defeated by the Password

学习目标 Learning Target

→ **强调结果不变 / Emphasizing That the Result Won't Change**

不论……，都…… | 不论怎么样，这次的密码我都保证不会忘记。

→ **描述事物含有某种意义 / Indicating That Something Has a Certain Meaning**

A 意味着 B | 换号还意味着我得一个一个把大家重新加到我的微信好友里，这太麻烦了。

实践准备 Preparation

📖 **看图，用所给语言点完成句子。** According to each picture, complete the corresponding sentences with the given language points.

两个人结婚了，＿＿＿＿＿＿＿＿

＿＿＿＿＿＿＿＿＿＿＿＿＿。

（A 意味着 B ）

给自己设定一个目标，＿＿＿＿＿

＿＿＿＿＿＿＿＿＿＿＿＿＿。

（不论……，都……）

A：你当初为什么会来中国？

B：＿＿＿＿＿＿＿＿＿＿＿＿＿

＿＿＿＿＿＿＿＿＿＿＿＿＿。

（之所以……，是因为……）

真麻烦，＿＿＿＿＿＿＿＿＿＿

＿＿＿＿＿＿＿＿＿＿＿＿＿。

（尽管……，……）

生词预习 / Preview New Words

听录音，跟读。 🔊 14-1

Listen to the recording and read the following words.

❶	账号	zhànghào	名词	account
❷	当初	dāngchū	名词	at the beginning
❸	申请	shēnqǐng	动词	apply for
❹	记录	jìlù	名词	record
❺	保存	bǎocún	动词	save
❻	点击	diǎnjī	动词	click
❼	操作	cāozuò	动词	operate
❽	验证码	yànzhèngmǎ	名词	verification code
❾	形式	xíngshì	名词	form

课文 1 / Text 1

听录音，补全对话。 🔊 14-2

Listen to the recording and complete the following dialogue.

艾米丽：阿尔达，你能帮我看看吗？我用这部新买的手机上
　　　　不了微信。

阿尔达：我看看。你的 _____ 就是你的手机号吧？输入密
　　　　码应该就可以 _____ 微信了。

艾米丽：我试过了，我以为当初我设置的密码和邮箱密码是
　　　　一样的，可是输入进去不对。现在怎么也想不起来
　　　　别的密码了。

阿尔达：据我对你的了解，你肯定不会只有一个密码。

艾米丽：哈哈，都用相同的密码太没有安全感了。当初设置的时候觉得
　　　　挺安全的，没想到现在却完全想不起来了。

阿尔达：要不你就再 _____ 一个微信号吧。

❶ 艾米丽的手机出
现了什么问题？

❷ 艾米丽设置密码
有什么习惯？

❸ 阿尔达是怎么帮
助艾米丽解决这
个问题的？

艾米丽：那可不行，我原来的微信钱包里还有好多钱呢，而且我要是换号，不论是以前的聊天记录、学校的微信群，还是我 _____ 的图片和文件，就都没有了。换号还意味着我得一个一个地把大家重新加到我的微信好友里，这太麻烦了。

阿尔达：哎，这里有个"找回密码"，点一下试试。（点击屏幕，按照提示操作）哦，这个是要通过给你的手机号发送短信验证码的 _____ 登录微信，你输入手机号试试。

艾米丽：我收到验证码了，704436，好了，登录成功了。原来这么简单啊，谢谢你，阿尔达。

📔 生词预习 / **Preview New Words**

听录音，跟读。　　　　　　　　　　　　🔊 14-3

Listen to the recording and read the following words.

❶	之前	zhīqián	名词	before
❷	保障	bǎozhàng	动词	guarantee
❸	用户	yònghù	名词	user
❹	依赖	yīlài	动词	rely on
❺	困	kùn	动词	trap

📄 课文 2 / **Text 2**

听录音，补全对话。　　　　　　　　　　🔊 14-4

Listen to the recording and complete the following dialogue.

❶ 为什么阿尔达说艾米丽的密码很"特别"？

阿尔达：你现在可以修改密码了，这次可千万别再忘了。

艾米丽：这次我一定设置一个特别点儿的，这样才不容易忘。

阿尔达：你忘了你刚才之所以上不了微信，_____ _____，自己都记不起来了。这次别再乱设密码，还是弄一个常用的吧。

艾米丽：我之前的密码都是自己的生日，你们说不安全，后来我就换了一些既有字母，又有符号的，结果隔段时间就记不住了，真不知道什么样的密码才合适。

阿尔达：＿＿＿＿＿＿＿＿＿＿＿，但是如果把它弄得太复杂，可能带来的不是安全感，而是烦恼。

艾米丽：嗯，我的三张银行卡，每张密码都不同，取钱时常常会输错。

阿尔达：＿＿＿＿＿＿＿＿＿＿＿，很多人都跟你有相同的经历。我觉得，尽管密码能带来一定的安全感，＿＿＿＿＿＿＿＿＿＿＿，我们就会被困在这一串串符号里，把本来很简单的事情弄得越来越复杂。

艾米丽：不论怎么样，这次的密码我都保证不会忘记。

② 对于艾米丽这种乱设密码的行为，阿尔达的态度是怎么样的？

练习 Practice

1. 看图，用所给词语写句子。

According to each picture, write sentences with the given words.

❶ 申请　　信息

_____

_____

_____

❷ 据　　用户

_____

_____

_____

❸ 保障　　意味

_____

_____

_____

❹ 依赖　　困

_____

_____

_____

_____

2. 结合课文1，想一想你是否因为忘记密码而苦恼过，如果你忘记密码，原因可能是什么？如何解决？

Think about whether you have been upset about forgetting a password. If you did forget, what was the possible reason and how did you solve the problem? You can use Text 1 as an example.

参考表达：因为……所以……　　　尽管……，……

3. 仿照课文1，两人一组，按要求用所给语言点进行对话练习。

With Text 1 as an example, use the given language points to make dialogues in pairs as required.

> 不论……，都……　　　尽管……，……

❶ 学校发放奖学金的银行卡让你弄丢了，你不知道该怎么办，请向你的同学寻求帮助。

❷ 你的手机丢了，你的很多重要信息都在里面，包括照片、短信等，而且手机里的很多 APP 都和你的银行卡绑定（bǎngdìng）了，请向老师寻求帮助。

❸ 你收到了一条有退款链接（liànjiē）的短信，而你之前确实申请了退款服务，你知道钱会在三个工作日内到账。你想点开短信里这条链接，但看到发送信息的是一个陌生号码，又有些犹豫。请把手机拿给朋友看看，听听他们的建议。

4. 结合课文2，说一说自己对以下现象的看法。

With Text 2 as a reference, talk about your ideas of the following phenomena.

❶ 孩子利用手机等工具上网学习。

❷ 有美颜功能的手机非常受欢迎。

❸ 很多手机有指纹（zhǐwén）识别（shíbié）、
人脸识别开锁（kāi suǒ）的功能。

PART **2**

第二部分

口语实践 Speaking Practice

1. **看图，用所给词语描述如何注册一个新的APP账号。**

According to the picture, describe how to create a new app account with the given words.

> 下载　　申请　　信息　　密码　　用户名　　设置　　登录

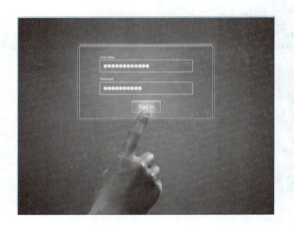

2. **选择恰当的词语回答问题。**

Choose the proper words to answer the questions.

> 据　　根据

❶ 你的生活因为网络信息技术的发展受到了什么影响？

❷ 你一般会如何设置自己的用户名或密码？为什么？

3. **用所给语言点回答问题。**

Answer the questions with the given language points.

❶ 你觉得，18 岁对一个人来说有什么特别的意义？（Ａ意味着Ｂ）

❷ 你当初为什么选择学习现在的这个专业？（之所以……，是因为……）

❸ 网络信息技术的发展给我们的生活带来了哪些好处？（不论……，都……）

❹ 关于密码的设置，常见的做法有下面两种：一是把自己或家人的生日设置成密码；二是通过各种符号、字母的排列，设置比较复杂的密码。你觉得哪一种更好？（尽管……，……）

4. **小组讨论：几人一组，结合现在常见的关于网络信息安全问题的报道，讨论网络信息技术的发展给人们生活带来的好处与困扰。**

Group Discussion: Use the common reports on cybersecurity problems to discuss the advantages and disadvantages brought by the development of online information technology.

参考表达：之所以……，是因为……

尽管……，……

读写实践 Reading and Writing Practice

1. 用所给语言点改写句子。

Rewrite each sentence with the given language points.

例：这次的考试题目很难，但是只要上课的时候认真听，还是能答出来的。（尽管……，……）

<u>尽管这次的考试题目很难，但是只要上课的时候认真听，还是能答出来的。</u>

❶ 这次的任务，谁来做不重要，重要的是必须得按时完成。（不论……，都……）

_____

❷ 他是一个网络天才，我还没见过他不能解决的网络问题呢。（不论……，都……）

_____

❸ 这款手机贵是贵了点，但是据说安全性有保障，非常值得购买。（尽管……，……）

_____

❹ 网络信息技术的发展给我们的生活带来了很多便利，与此同时，也会带来一些烦恼。（尽管……，……）

_____

2. 听录音，补全短文。 🔊 14-5

Listen to the recording, and complete the short passage.

_____❶_____，今年上半年，因为支付密码被盗用、网络诈骗等问题报警的人数超过千人。之所以产生这样的结果，

_____ ❷ _____ 与网络的安全程度不成正比。_____ ❸ _____，问题与麻烦也越来越多。_____ ❹ _____，但同时也不能不考虑到它所带来的一些负面影响。不论是人工智能还是共享信息，都是为了提高人们的生活质量而发展起来的，_____ ❺ _____。因此，为广大网络用户提供更安全、更有保障的网络环境，是现在发展信息技术的首要任务。

❶ _____

❷ _____

❸ _____

❹ _____

❺ _____

3. **仿照第2题的短文，用所给词语和语言点写一篇关于网络信息安全的报道。**

With the passage of Exercise 2 as an example, write a report about cybersecurity with the given word and language points.

> 据　　之所以……，是因为……　　尽管……，……　　A 意味着 B
> 不论……，都……

_____

_____

_____

_____

_____

4. **根据下面给出的图片，写一篇作文。** Write an essay according to the given picture.

说明

❶ 题目：网络信息技术发展带来的利与弊

❷ 文中必须使用生词：便利　依赖　信息安全

❸ 全部使用汉字

❹ 字数要求：220—250 字

学习总结　Summary

1. **总结你学过的无条件关系复句，并给出准确的例句。**

Summarize the unconditional complex sentences you've learned and give correct examples.

无条件关系复句	例句

2. 总结表达焦虑、无措等情绪的句子。

Summarize the sentences that are used to express such feelings as anxiety and helplessness.

句子	

"真假" 朋友圈

"True or False" WeChat Moments

学习目标 | Learning Target

→ 陈述观点 / Stating Views

在……看来 | 在我看来，朋友圈可以让大家分享读到的、看到的好东西。

→ 描述同时存在的事实 / Describing Concurrent Facts

与此同时 | 你可以通过别人的分享，来丰富自己的生活，与此同时，还能把自己的体验分享给身边的朋友。

→ 列举事例 / Listing Examples

你看我朋友圈里的这些好友，动不动就晒一些旅行、吃饭时的照片。

PART 1
第一部分

实践准备 Preparation

📖 **看图，用所给词语和语言点回答问题。**According to the pictures, answer the questions with the given words and language points.

这组图片想告诉我们什么？你有什么看法或者建议？

（在……看来；与此同时；相反；从而）

生词预习 / **Preview New Words**

听录音，跟读。 🔊 15-1

Listen to the recording and read the following words.

❶	赞不绝口	zànbùjuékǒu	full of praise
❷	晒	shài	动词	show
❸	心得	xīndé	名词	perception: understanding
❹	体会	tǐhuì	名词	experience
❺	关注	guānzhù	动词	focus on
❻	过分	guòfèn	形容词	over
❼	尝试	chángshì	动词	try
❽	阻止	zǔzhǐ	动词	stop
❾	划算	huásuàn	形容词	cost-efficient
❿	特殊	tèshū	形容词	special
⓫	排毒	páidú	动词	detox
⓬	有益	yǒuyì	形容词	beneficial

课文 1 / **Text 1**

听录音，补全对话。 🔊 15-2

Listen to the recording and complete the following dialogue.

艾米丽：马克，咱们周末去这家餐厅吃饭吧，我一个好友在
朋友圈里对这家餐厅的环境和服务 _____。

马　克：这家餐厅一看就特别贵。

艾米丽：我知道，可是适合拍照呀！你看我朋友圈里的这些
好友，动不动就 _____一些旅行、吃饭时的照片，
还会分享自己的 _____，多让人羡慕呀！再看看
我，除了在朋友圈里给他们"点赞"，根本没有什么能让别人
关注的东西。

❶ 艾米丽为什么想
去那家餐厅？

❷ 马克对艾米丽发
朋友圈是什么态
度？

马　克：你怎么这么爱面子。你想让别人关注你，也不一定非得去这么贵的餐厅啊。如果发布照片只是为了让别人＿＿＿＿＿＿＿或羡慕你的生活，这不就是在炫耀吗？

艾米丽：你这么说就有点儿＿＿＿＿＿＿＿了。我的确是希望能得到大家的关注，但我也想追求和＿＿＿＿＿＿＿不一样的生活经历。朋友圈本来就是一个大家互相分享、交流的平台，可以通过别人的分享，来丰富自己的生活，与此同时，还能把自己的体验分享给身边的朋友，这难道不好吗？

马　克：你说的有道理。我不是＿＿＿＿＿＿＿你去尝试新事物，我只是觉得太贵了，不＿＿＿＿＿＿＿。

艾米丽：其实我也就是说说，这种太贵的就算去，也得选择一个＿＿＿＿＿＿＿的日子。不过有一个我觉得可以试试，（给马克看手机）你看这个人分享了一个营养餐，据说可以＿＿＿＿＿＿＿减肥，还＿＿＿＿＿＿＿身体健康。

马　克：吃的东西还是别随便试了，再说你也不胖，用不着吃这个吧。

艾米丽：可是我想试试，有效果的话，还可以和大家分享一下自己的心得。

📓 **生词预习 / Preview New Words**

听录音，跟读。　　　　　　　　　　　　🔊 15-3

Listen to the recording and read the following words.

❶	求助	qiúzhù	动词	seek help from
❷	解答	jiědá	动词	answer
❸	时刻	shíkè	副词	at every moment
❹	口气	kǒuqì	名词	tone
❺	赞同	zàntóng	动词	approve
❻	欺骗	qīpiàn	动词	deceive

⑦	地震	dìzhèn	动词	earthquake
⑧	转发	zhuǎnfā	动词	forward
⑨	虚假	xūjiǎ	形容词	false
⑩	确认	quèrèn	动词	make sure

📖 课文 2 / **Text 2**

听录音，补全对话。　　　　　　　　　　🔊 15-4

Listen to the recording and complete the following dialogue.

阿尔达：我发现微信朋友圈真是太方便了，我刚才遇到一个
　　　　问题，_____，马上就有很多人
　　　　_____。

马　克：艾米丽最近也迷上了发朋友圈，随时随地都要拍个
　　　　照片发在上面，还_____，为她
　　　　"点赞"。

孟　宏：你这口气听起来似乎不_____。

马　克：我是对朋友圈有点儿反感。

阿尔达：为什么啊？在我看来，朋友圈可以分享大家读到的、
　　　　看到的好东西，让不在身边的朋友了解自己的近
　　　　况，_____，这多好啊。

马　克：我不是说朋友圈不好，只是觉得，现在的朋友圈有些现象让我
　　　　不喜欢。就拿分享近况来说吧，
　　　　这确实让朋友间更好地了解了
　　　　彼此，但很多人利用朋友圈来炫
　　　　耀，_____，
　　　　只是为了得到别人的关注。

孟　宏：你说的这种情况我也发现了，
　　　　有的人发朋友圈，不再只是记
　　　　录自己的生活，而是为了炫耀
　　　　自己又去了哪些地方旅行，又

1. 朋友圈给阿尔达带来了什么好处？
2. 马克为什么会反感朋友圈？
3. 你认为微信朋友圈是利大于弊，还是弊大于利，为什么？

去了哪个网红餐厅吃饭，又收到了什么特别的礼物。在我看来，这确实挺不好的。

阿尔达：听你们这么说，我也想起来我曾经看到的一篇报道：一些人看到朋友圈发布的地震消息，没有了解是否是真实的，就开始转发。结果消息很快传播出去，最后却发现是虚假消息，影响很不好。后来，微信就有了"网络警察"，＿＿＿＿＿＿＿＿＿＿＿＿＿＿。

孟　宏：所有事物都有两面性，朋友圈也有利有弊。很难说好处多，还是坏处多。不过，现在看来，朋友圈对我的生活影响是非常大的。微信也在不断地改进，希望它以后能更好地为我们服务，真正地成为我们的"朋友"。

练习　Practice

1. 看图，用所给词语写句子。

According to each picture, write sentences with the given words.

❶ 的确　　赞不绝口

_____

_____

_____

❷ 尝试　　有益

_____

_____

_____

❸ 利用　　求助

_____

_____

_____

❹ 虚假　　欺骗

_____

_____

_____

2. 用所给词语和语言点谈谈你对下列事情的看法。

Talk about your opinions of the following situations with the given words and language point.

❶ 你朋友的女朋友常常把他们两人的照片发到微信朋友圈，她觉得这是向别人展示自己的幸福，而你朋友却认为这是自己的隐私（yǐnsī），不想让别人知道或者关注。（在……看来；相反）

❷ 你常常看到微信朋友圈里的人发一些关于旅行、美食、购物等的图片，和他们相比，你觉得自己的生活太枯燥（kūzào）无聊。你非常羡慕别人的生活，也想尝试着像他们一样旅行，买东西然后拍照发朋友圈，可是家人却阻止你这样做，一是因为经济条件不允许，二是这样有目的地分享的生活并不是真实生活。（从而）

3. 通过对课文2的理解，回答下列问题。

According to your comprehension of Text 2, answer the following questions.

❶ 你是否通过网络社交平台得到过帮助？请详细讲述。

❷ 网络社交平台是否给你自己或身边的人带来过困扰（kùnrǎo）？原因是什么？

❸ 比较一下，通过网络社交平台建立（jiànlì）的友谊，与现实生活中的友谊有什么不一样？

❹ 你对现在的网络社交平台有哪些方面的建议？

4. **小组讨论：两至三人一组，根据图片提示，说一说你们知道的网络社交平台带来的利与弊。**

Group Discussion: Work in groups of two or three, use the tips in the pictures to discuss the advantages and disadvantages of social media.

分享近况

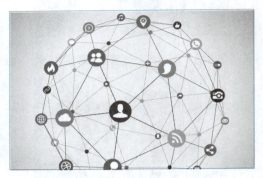

网络社交

虚假信息

攀比（pānbǐ）炫耀

口语实践 Speaking Practice

1. 课堂活动：生词猜猜猜。 Class Activity: Guess the new words.

❶ 老师准备若干张生词卡片，让学生 A 任选一张。

The teacher prepares some cards of new words and asks Student A to choose one.

❷ 学生 A 用汉语向其他同学解释所选词语，让其他同学猜。如果有同学猜对，学生 A 完成挑战，换学生 B 选卡片并解释词语，以此类推。

Student A explains the meaning of the selected word to other students in Chinese, while others guess which new word is being explained by Student A. When others get it right, it means that Student A succeeds. Then, another student is asked to choose card, and the game goes on.

参考生词： 追求 炫耀 反感 幸亏 赞不绝口
尝试 虚假 赞同 阻止 心得体会

2. 用所给词语和语言点回答问题。

Answer questions with the given words and language point.

❶ 你对"网红"效应（xiàoyìng）有什么看法？（在……看来；从而）

❷ 现在的微信朋友圈有很多"微商（wēishāng）"，他们利用自己对朋友的影响力，售卖一些产品。你对这种现象有什么看法？（相反）

❸ 有些人会把自己在某些网络社交平台看到的求助信息在其他平台上进行转发。这样做是为了帮助别人，是好的，但往往事后会看到一些关于这些信息为虚假信息的报道。如果你遇到了这样的情况，既想帮助别人，又担心自己被欺骗，你会怎么做？（从而）

3. 小组讨论："交友"这件事对现代人来说，既容易，也复杂。虽然现在的网络社交APP虽然为大家提供了一个交流的平台，但与此同时，我们很难确认平台上信息的真假。请根据自己的理解谈谈现在的网络社交平台存在的问题，并提出自己意见或建议。

Group Discussion: "Making friends" is both easy and complicated to modern people. Although modern social networking apps have provided platforms for everyone to communicate, at the same time we find it hard to confirm whether the information on these platforms is true or false. According to your own understanding, discuss the problems with modern social networking platforms and give advice or suggestions.

参考表达：在……看来　　因为……所以……

4. 实践：根据下面表格中的内容，对身边的各国朋友进行采访、调研，列出他们的常用的网络社交APP，以及他们对各自常用的网络社交平台的使用情况等。

Research: Use the following table to interview your friends from foreign countries to find out about their favorite social networking apps and how they use them.

国家 （Nation）	社交平台 （Social Media）	常用功能 （Common Features）	不足之处 （Inadequacies）	意见或建议 （Advice or Suggestions）
中国	微信朋友圈	分享或了解他人近况、关注某些热点话题、购物、求助	信息内容过于复杂，很难辨别真假	加强网络监管力度

第三部分

读写实践 Reading and Writing Practice

1. 用所给词语和语言点改写句子。

Rewrite each sentence with the given word and language point.

例：我们现在作业越来越难，但汉语水平也提高了很多。（与此同时）
　　我们现在作业越来越难，但与此同时，汉语水平也提高了很多。

❶ 科技进步给生活带来的便利越来越多，人们对生活质量的要求也越来越高。（与此同时）

_____

❷ 孩子们在父母的爱护下慢慢长大，可是父母却在逐渐地老去。（与此同时）

_____

❸ 忙碌的生活使人们无法扩大自己的朋友圈，因此越来越多的网络社交平台出现了，它们给人们提供认识彼此的机会。（从而）

_____

❹ 现在有很多年轻人过分地追求名牌，希望通过拥有名牌得到别人的赞美和羡慕，但是这样的结果往往是加重了他们的经济负担，甚至会严重影响他们的生活质量。（从而）

_____

❺ 妈妈很少会因为我犯错而打骂我，但是会用各种现实生活的例子教育我，使我明白这样下去会有什么样的后果。（从而）

_____

2. 听录音，补全短文。 🔊 15-5

Listen to the recording, and complete the short passage.

今天发生的一件事，＿＿＿❶＿＿＿，从而开始怀疑网络上信息的真实性。因为是春节假期，我回老家休假，偶尔上网刷刷（shuā）朋友圈，看看微博（wēibó）什么的。这时，一条"高速公路遇车祸，一家三口急需O型血（O xíng xiě）"的 _____❷_____。看到内容，的确让人很心痛。信息里说这一家三口本来打算利用春节假期出去旅行，结果在高速公路上发生了车祸，幸亏每个人都系（jì）了安全带，没有生命危险。现在三个人都在医院，急需O型血。_____❸_____，所以我一看到这则消息就毫不犹豫地转发了，与此同时，还联系周围的好友一起去医院献血（xiàn xiě）（上边说的医院就在我老家，而我正好是O型血）。结果医院的医生和护士都说没有这件事，而我也不是第一个来献血的人了。现在这条信息不但没给这家医院带来帮助，相反还影响了他们的工作效率。本来网络社交平台给大家提供了能够互相交流、彼此帮助的机会，_____❹_____，使平台内的人们不再彼此信任，_____❺_____。所以不论这些人出于什么样的目的，我们都必须阻止这样的事情继续发生，建立完善（wánshàn）的监管（jiānguǎn）制度势在必行（shìzàibìxíng）。

❶ _____

❷ _____

❸ _____

❹ _____

❺ _____

3. **仿照第2题的短文，用所给词语写一写你遇到过或听说过的，网络社交平台带来的困扰。**

With the passage in Question 2 as an example, please write about your experiences, with the given words, of the troubles that have been made by online networkings and that have you heard or met.

> 的确　　幸亏　　从而　　利用　　传播

_____

_____

_____

_____

4. **根据下面给出的图片，写一篇作文。** Write an essay according to the given picture.

> ### 说明
>
> ❶ 题目：给"朋友圈"的建议
>
> ❷ 文中必须使用生词：炫耀　分享　监管
>
> ❸ 全部使用汉字
>
> ❹ 字数要求：220—250 字
>
>

学习总结 | Summary

1. **总结表示赞同别人观点的词语或句子。**

Summarize the words or sentences that are used to agree with other people's views.

词语	

句子	

2. **总结表示反对别人观点的词语或句子。**

Summarize the words or sentences that are used to disagree with other people's views.

词语	
句子	

3. **总结与网络社交平台相关的词语。**

Summarize the words about social media.

词语